Relaciones

Elma Roura

Relaciones

Identifica qué es un «no» y cómo acercarte
a tu «sí» para construir vínculos sanos

© Elma Roura, 2022
© Ediciones Kōan, s.l., 2022
c/ Mar Tirrena, 5, 08912 Badalona
www.koanlibros.com • info@koanlibros.com
ISBN: 978-84-18223-59-4 • Depósito legal: B-15703-2022
Maquetación: Cuqui Puig • Diseño de cubiertas de colección:
Claudia Burbano de Lara • Ilustración de cubierta: Elsa Suárez Girard
Impresión y encuadernación: Romanyà Valls
Impreso en España / *Printed in Spain*

1ª edición, octubre de 2022

ÍNDICE

OCTAVA PARTE: ROMPER PATRONES

NOVENA PARTE: ENCONTRAR A TU «SÍ»

¡HOLA DE NUEVO!

Con mucha ilusión te presento mi segundo libro. Se suponía que ahora venía uno de tantra. ¡Prometo que será el siguiente...! Pero este que tienes ahora entre tus manos latió dentro de mí con fuerza, surgió de forma clara y contundente. En mi experiencia, para abordar el tantra —una dimensión con la que pude conectar como si de una memoria se tratara—, es preciso hacer antes un riguroso trabajo de gestión emocional y aprender a regresar a nuestra paz cada vez que nos salimos de ella. Es por eso que creo necesario detenerme en un tema que presenté, junto con otros, en mi primer libro: el tema de las relaciones. Realmente merece un desarrollo aparte. Es uno de los temazos..., por no decir «el temazo», ¡y tenía que hablaros de él!

Además de mi propia experiencia, a lo largo de mi trayectoria profesional he tratado a miles de personas con problemas en las relaciones. El amor es maravilloso, excepto cuando no somos correspondidas, lo anhelamos o vamos detrás de él. Sufrimos porque no tenemos lo que queremos; porque nos sentimos rechazadas o abandonadas; porque vivimos las relaciones con mucho apego; porque la persona que nos gusta no nos corresponde; porque no podemos conectar íntimamente con nadie; porque nos aterran las relaciones de pareja, etcétera. Sea por el motivo que sea, desde un nivel afectivo y sexual, el tema de las relaciones nos moviliza a todas. Por eso me hace mucha ilusión aportar mi granito de arena para que, tal vez, tras leer estas páginas, observes tus relaciones con mayor claridad y tengas más paz. Yo me siento satisfecha de poderte ofrecer, junto con mi libro anterior, una base sólida para que luego puedas adentrarte en el tantra.

Tengo que decir que me siento profundamente agradecida por la acogida de mi primer libro, *El camino al éxtasis*. Ha sido mi primera experiencia como autora, y he tenido sensaciones muy agradables al ver cómo mi libro llegaba a tantas personas y a tantos lugares en el mundo. Sé que vivimos en la era de la globalización, pero no deja de ser increíble ver *El camino al éxtasis* en diferentes países de Europa, Latinoamérica o en Estados Unidos. ¡Gracias, gracias, gracias!

Las personas que han leído mi libro anterior y me conocen tienen la sensación de que les hablo al oído, porque mi forma de escribir es como mi forma de comunicar, son mis ideas, mis pensamientos. Nace de muy adentro. Y este nuevo libro tiene la misma impronta. Deseo que lo disfrutes.

¿QUÉ VAS A ENCONTRAR EN ESTE LIBRO?

El foco de este libro está puesto en las relaciones de pareja, aunque las temáticas y herramientas que trabajaremos pueden serte útiles en otros ámbitos vinculares como la amistad, las relaciones de familia o las laborales. A diferencia de mi libro anterior, he decidido utilizar el género femenino para dirigirme a quien me lee. Aunque son cada vez más los hombres que se animan a este viaje de desarrollo personal, lo cierto es que en mis cursos y talleres la gran mayoría de quienes participan son mujeres. ¿Por qué no usar el género femenino, entonces? Es extraño, por cuestiones normativas, tener que usar el género masculino «inclusivo». Además, ¿no es esta una manera, también, de reivindicar un cambio de paradigma? Dicho esto, el contenido que presento a continuación es válido para todas y todos, más allá de su identidad de género y orientación sexual, pero he querido, al mismo tiempo, representar a mi público mayoritario. No es un tema fácil de gestionar. ¿Cómo lograr que todas las personas nos sintamos incluidas con las grandes limitaciones que presenta el lenguaje? Esta vez he decidido hacerlo así. Espero sinceramente que quienes me lean se sientan a gusto.

13

Como en el libro anterior, habrá capítulos muy breves y amenos, pero los habrá también más largos, porque hay temas que, por sus características, requieren un tratamiento más extenso. Que sean más extensos no significa que sean más pesados de leer. Ya me conoces: me gusta ir al grano, a la esencia de las cosas, y expresarme a mi manera, lejos del tono académico o erudito.

También como mi primer libro, este es orgánico, vivo. Puedes empezar a leer por el principio o por aquel capítulo que te interese más, según la etapa de la vida en la que estés. Puedes volver a él en distintos momentos de tu vida. Cada capítulo es la pieza de un puzle que encaja perfectamente con el resto y conforma un todo, pero podría ordenarse de otra forma también. He decidido narrarlo así porque tiene una coherencia natural con mi forma de trabajar y porque es el libro que me hubiese gustado leer. Es funcional para mí.

En esta ocasión, he incorporado una novedad para enriquecer tu lectura. Para mí es un placer poder ofrecértela y espero que sume: en algunos capítulos vas a encontrar unos códigos QR desde los cuales podrás acceder a vídeos y material que te permitirán profundizar en el tema que se expone.

Te deseo un feliz viaje.

Con cariño,

Elma

PRIMERA PARTE

HISTORIA DE LAS RELACIONES
Y LOS MITOS EN EL AMOR

¿DE DÓNDE VENIMOS?

Para comprenderse es necesario comprender de dónde venimos. Responder a preguntas como por qué nos pasa lo que nos pasa y cómo se configura nuestra realidad más próxima requiere que miremos hacia atrás y veamos no solo de dónde venimos, sino todo lo que ha ocurrido para llegar a ese punto. El contexto histórico es importante.

Soy una mujer cerca ya de los cuarenta años. Vivo en Barcelona. Mi historia está vinculada a la de mi país y es de la que os voy a hablar, pero seguro puedes encontrar paralelismos con la historia del tuyo. Aquí, en España, el punto de partida es la Guerra Civil, que condujo al país a la ruina y trajo consigo la necesidad de reconstruirlo. Sucedió hace ochenta años. Si te detienes a pensarlo, no es tanto tiempo. Todavía hoy somos hijos de la posguerra. Y te voy a contar por qué: para que un país se reconstruya de forma definitiva tras una guerra se necesitan varias generaciones y en esa reconstrucción se pasa por muchas fases.

No voy a describir minuciosamente las características de cada generación. A sabiendas de que existen en medio otras generaciones, me interesa ahora centrarme en tres etapas clave.

La primera es la generación de la posguerra. La sociedad está totalmente enfocada en la supervivencia y en la búsqueda de recursos. ¿Crees que es posible preguntarse quién eres si apenas puedes comer? Imposible. Cuando hay carencia solo puedes enfocarte en la supervivencia. Y esto también afectó a las relaciones, porque la manera de vincularse —es una generalidad, no lo olvidemos— estaba impulsada por el deseo de salir adelante y desarrollarse en un plano material. Fíjate en la radiografía del momento: durante la dictadura en España, nadie podía votar; las mujeres sí podían ir a la universidad, pero no se las alentaba a cursar determinadas carreras. Ejemplo de ello es que existía una mayor presencia femenina en estudios como Filosofía y Letras, mientras que en Derecho o Medicina su presencia era ínfima. El modelo femenino promovía los valores de sumisión, servicio y sacrificio para una mujer cuya misión era ser esposa, madre, y cuyos dominios se circunscribían al hogar. La educación se utilizaba ideológicamente y se insistía en la separación de los sexos y en tener un currículum diferenciado, como si hubiera unos saberes específicamente femeninos —labores, higiene doméstica, etcétera— y otros específicamente masculinos —comercio, ingeniería, física—. Solo había una opción normativa para las relaciones: casarse. No se aceptaba ninguna diversidad relacional ni sexual. En esta fase, entonces, ni siquiera podemos preguntarnos por nuestros sueños. Dedicas la vida a trabajar para sobrevivir. Se educa a los hijos para que no les falte nada y para que tengan recursos económicos suficientes que les permitan no repetir la situación de carencia de sus padres.

El segundo momento clave que surge a partir de esta situación y que afecta a todas las generaciones anteriores a la mía se caracteriza por la búsqueda de seguridad. Se prioriza el estudiar para ser alguien en la vida —sustentado en valores como el éxito y el prestigio—, vivir en una casa propia, tener una segunda residencia y unas buenas vacaciones. Son generaciones para las que el poder adquisitivo juega un rol muy importante. No debe sorprendernos. Es algo típico y común a todas aquellas sociedades que han pasado años de carencia económica, para las que lo determinante es sobrevivir. Así que, por compensación, nos encontramos frente a sociedades que educan para *tener* y donde el valor de las personas estará dado por el *tanto tienes, tanto vales*. Aquí prima el deseo de avanzar, de tener estatus y una buena posición económica. A los hijos se les da de todo, quizá demasiado, y a algunos sin pedir ningún tipo de esfuerzo a cambio. Por supuesto habrá habido excepciones, pero constituye una tendencia que marca a esta generación.

La tercera y última fase es la famosa etapa de la sociedad del bienestar, cuyo modelo es Estados Unidos, primera potencia mundial. Una de sus características es que no solo se aspira a tener una vida asegurada en cuanto a recursos, sino que además hay que cumplir con el mandato de consumir para ser felices. Es una sociedad en la que el entretenimiento es el *modus operandi*. Nuestro modelo está enfocado en la eficacia: se trata de ganar mucho dinero para, por un lado, comprar seguridad, y también para alcanzar un bienestar entendido como un sinfín de experiencias y sensaciones agradables. Vivimos en el deseo de la recompensa rápida. Se acabó la cultura del esfuerzo, bienvenida la cultura de la inmediatez, de lo efímero y de la digitalización, caracterizada por el consumo extremo de la información, la idealización de la imagen y la cultura de lo superficial: nuestro tiempo.

Y a todo esto, ¿dónde queda espacio para la gestión emocional? No existe. Casi todas somos hijas de padres que han trabajado mucho. Casi con seguridad no hemos sido acompañadas en nuestros procesos vitales. Hemos tenido infancias con padres que llegaban a casa por la noche; infancias solitarias, con muchos deberes y tareas extraescolares. Por eso es probable que casi todas compartamos la sensación de abandono. Han sido muchos años en los que la educación emocional ha estado ausente de nuestras vidas. Somos bebés emocionales. La inexistencia del espacio para la gestión emocional afecta a las relaciones, porque sin ese espacio nos relacionamos desde la carencia. Mirando las cosas desde esta perspectiva, es fácil comprender por qué hoy vemos muchas mujeres exitosas en lo profesional e independientes en materia económica, pero que caen en relaciones de gran dependencia emocional.

LAS MUJERES Y EL PATRIARCADO

En 1948 se produjo un hito en el desarrollo de los derechos civiles y políticos con la aprobación en la Asamblea General de las Naciones Unidas de la Declaración Universal de los Derechos Humanos. En ella se contempla la inclusión del enfoque de género, cuando en el artículo dos se explicita la no discriminación por razón de sexo (se cambia el concepto de *hombre* por el de *persona*, ya que este incluye ambos sexos). En España no es hasta el año 1981 que se formaliza el primer divorcio. Hace cuatro días de todo esto. Aquí empieza el empoderamiento femenino tras años de represión e invisibilidad legal de la mujer en todos los ámbitos, desde lo social a la sexualidad. Aquí se inicia la revolución femenina. Las mujeres pueden empezar a plantearse qué vida quieren tener, independientemente de los hombres.

Esto implica muchos beneficios: no hablamos solo del sufragio o el derecho a la educación, sino de la igualdad de oportunidades en el ámbito laboral, con la presencia de las mujeres en puestos directivos y la batalla sostenida por disminuir la brecha salarial de género, mayores derechos sexuales y reproductivos, es decir, la capacidad de elegir ca-

21

sarse, cuándo y con quién, de decidir si quieres tener hijos y cuántos, lo cual incluye poder interrumpir un embarazo no deseado o tomar anticonceptivos sin ser penalizada, el vivir libre de violencia sexual, etcétera.

La cultura patriarcal ha esclavizado a las mujeres durante siglos. Hemos vivido sumidas en la represión, la culpa y limitaciones de todo tipo. A pesar del nuevo marco legal que apoya al colectivo femenino, y sin negar sus importantes conquistas, seguimos siendo testigos de los efectos del patriarcado. El micromachismo está extendido por todos lados. Cosificación femenina, violencia sexual... y ni hablar de las mujeres que hoy en día aún mueren a manos de sus parejas.

El modelo de la mujer que se queda en casa cuidando a los hijos y en el que el marido toma todas las decisiones sin que se lo pueda cuestionar responde al patriarcado más evidente. Esta mujer está dentro de lo normativamente establecido: mujer heterosexual con hijos. Calla y obedece. Pero el hecho de que una mujer hoy pueda divorciarse, formarse y tener un alto cargo en una empresa no significa que hayamos superado el patriarcado. Por ejemplo, se nos impone el modelo de la *superwoman*, una mujer que en su afán de cumplir con sus tareas profesionales, familiares y de pareja, se olvida de sus propias necesidades. Se nos exige llegar a todo y eso es imposible. ¿No es esto una extensión más del modelo eficientista y consumista que ha primado hasta ahora?

En 1978 se aprueba el uso de la píldora anticonceptiva. Lo que para muchos es un avance, para otros es un retroceso. Es un tema delicado. En este nuevo contexto, la edad en la que las mujeres deciden tener hijos se retrasa. Aparentemente, representa una conquista para la mujer, porque ahora es ella quien decide cuándo tener hijos, y esto está genial, ¿verdad? Pero ¿no es este un modelo basado en la comodidad fundamentalmente del hombre? Si hablamos de métodos anticonceptivos (no de gestión de temas hormonales), ¿es realmente tan beneficioso para nosotras el uso de un método hormonal que cercena nuestra propia ciclicidad? Sí, las mujeres somos cíclicas, y en esta ciclicidad es donde vivimos y experimentamos nuestra naturaleza femenina. Hacerte sensible a tu ciclicidad es clave. Silenciar tu ciclo es silenciar tu poder, tu propia conexión e intuición. El hombre, en cambio, sigue sin renunciar a nada. ¿Lo ves? No estoy en contra de la píldora, pero no podemos pasar por alto que es funcional para el patriarcado. Nosotras debemos hacer un trabajo emocional para entender por qué y para qué hacemos uso de ella.

Cada vez somos mujeres más independientes, pero desconectadas de nuestra ciclicidad, de nuestros propios biorritmos en aras de la eficiencia y el consumo. Estamos desconectadas de la intuición, de la escucha y de nuestros procesos emocionales. Este es un punto clave. Se producen aparentes contradicciones: mujeres independientes, pero dependientes en lo emocional.

La sociedad va cambiando a un ritmo más veloz que el tiempo en que evoluciona un ser humano. Se crean así numerosas contradicciones. Se nos empuja en una dirección, pero nosotras no hemos atravesado todas las fases necesarias, no hemos crecido y esto es una fuente de conflictos internos. La revolución sexual de las mujeres iniciada en los años sesenta es un ejemplo de esto. Nos encontramos con mujeres que no conocen su propia sexualidad, que adoptan una liberación desde una mirada masculina, donde lo revolucionario es acostarse con muchos hombres y tener múltiples orgasmos. Pero ¿qué es realmente la revolución sexual femenina? Porque quizá no se trate de que te acuestes con todos, sino de que lo hagas sin culpa, con placer, con consentimiento mutuo. ¿Te has preguntado qué es lo que quieres? La libertad consiste en tener opciones, no en asociarla a poder acostarse con todos, excepto que esa sea tu opción. La revolución sexual femenina consiste en vivir tu sexualidad sin ser juzgada por ello y, principalmente, sin juzgarte tú. Podríamos dar muchos otros ejemplos. Los vibradores, por ejemplo, son maravillosos, menos cuando vienen acompañados de la idea de que debemos tener orgasmos en un minuto, como los hombres... ¡Rápido, rápido, todo rápido!, pero nosotras, en general, no funcionamos así. O cuando asociamos, a través de los vibradores en forma de pene, que los orgasmos se obtienen por dentro, cuando en realidad la mayoría de las mujeres los obtienen mediante el clítoris externo. El patriarcado sigue haciendo de las suyas.

Como ves, es necesario relativizar la idea de que hemos avanzado mucho en materia de revolución sexual, porque estamos ante una liberación muy teñida por lo masculino. Nos queda bastante camino por recorrer, muchos territorios por conquistar. El empoderamiento de la mujer tiene que pasar por la independencia económica, emocional y sexual.

LOS HOMBRES Y EL PATRIARCADO

Las mujeres no son las únicas perjudicadas por el patriarcado. Los hombres también lo son.

Desde antaño, el hombre ha tenido miedo de la potencia sexual de la mujer. Se la ha velado, limitado, controlado, castrado, se le ha impuesto una dinámica que hace caso omiso a sus necesidades.

El hijo clásico del patriarcado es el típico hombre machista. El macho alfa desconectado del corazón, que no reconoce la igualdad de géneros y a quien se le han castrado las emociones. *Los hombres no lloran.* Se abruman por las emociones de la mujer, por su ciclicidad.

A nivel sexual, el uso de la pornografía ha afectado negativamente a los hombres. Viven una sexualidad falocentrista, donde solo importa el coito y en la que no se comprende el cuerpo de la mujer, de manera que no pueden conectar emocional y sexualmente con ella. Pero ¿qué ha pasado con los hombres dotados de gran sensibilidad? Han tenido que reprimirla o han acabado sintiéndose inseguros ante mujeres fuertes y exitosas. Esto también es consecuencia del patriarcado.

MI HISTORIA CON EL MACHISMO

Podría escribir un libro únicamente con las experiencias que he tenido con el machismo. Es sorprendente que una persona de una generación joven como la mía se haya topado con él. En apariencia, no era lo esperable.

Provengo de un matriarcado. Mi abuela ha sido la reina de mi familia. Representa ese tipo de mujeres fuertes, rebeldes y muy trabajadoras. De esas que han tejido nuestra historia, la de muchos. A mi madre la llamábamos «la McGyver». Siempre ha sido una *crack* en el terreno tecnológico. Cuando tuvimos el primer ordenador, se pasaba horas aprendiendo a utilizarlo. Arreglaba la lavadora y también llevaba las finanzas de la casa. Cobraba más que mi padre. Él hacía la compra y cocinaba para la familia. No tuvo móvil hasta hace unos cinco años. Siempre le he dicho que tendría que haber sido enfermero, porque es el gran cuidador de toda la familia.

A medida que fui creciendo, tuve mis primeras relaciones afectivo-sexuales y también empecé a tener éxito en mis proyectos profesionales. Me encontraba con hombres que competían conmigo y que no soportaban que yo tuviese más conocimiento sexual que ellos, que ganara más

27

dinero o que tuviese una carrera profesional consolidada. Yo no podía entenderlo. Me rechazaban, me culpaban e intentaban rebajarme de diferentes formas. Con el tiempo comprendí que se sentían inseguros a mi lado y que esto era fruto de que estaban sujetos a unas creencias culturales que nunca habían cuestionado, aun siendo jóvenes. No importan los años que pasen, si esas creencias no son cuestionadas, siguen influyendo en nuestros comportamientos.

Mi viaje fue aprender a decir *no* a ese tipo de actitudes, a soltar la culpa, a dejar de pedir perdón por mis logros, a darme cuenta de que no era yo quien se tenía que ocupar de los lastres culturales y emocionales de mis parejas. Es triste, pero aún hoy se pagan precios por ser una mujer con las ideas claras, independiente económica y sexualmente, y que ha desterrado la idea de que complacer es el único camino. Tengo criterio y voz propia. Para algunos, eso sigue siendo una amenaza.

Resumiendo, es genial ser una mujer empoderada, pero implica pagar un precio. Y hay que pagarlo. No hemos desterrado el machismo.

CREENCIAS ERRÓNEAS SOBRE EL AMOR:

– El amor todo lo puede.
– El amor dura toda la vida.
– Si realmente me quisiera, no me dejaría; me escribiría, me diría que me ama...
– Si sufre por mí, es porque me quiere.
– Los celos son un signo de amor.
– Me quiere solo para él porque me ama mucho.
– Hasta que la muerte nos separe.
– Tienes que tener pareja para estar completa.
– El amor duele.
– Hay que amar incondicionalmente.
– El amor implica renuncias.
– El amor te resta libertad.
– El amor es encontrar a tu media naranja.
– La persona correcta te completa.
– El amor es sacrificio.
– Con la pareja ideal vas a tener el mejor sexo de tu vida.
– Si amas de verdad a alguien, no puedes sentir atracción por otra persona.
– Estar en pareja es lo natural.
– El amor es suficiente para superar cualquier problema.

¿QUÉ ASOCIAS TÚ CON LA IDEA DE PAREJA?

Algunas de las afirmaciones del listado anterior pueden arrancarte una risa, pero seguro que anida en tu interior alguna de ellas. Es inevitable.

Te propongo hacer un ejercicio para descubrir tus propias creencias. Escribe sin pensar después de cada frase:

– Una pareja es...

– Estar en pareja es...

– Todos tienes pareja (menos yo) y esto significa que...

LA ETIQUETA «PAREJA»

¿Te ha pasado alguna vez que has conocido a alguien pero cuando te ha tocado definir la relación, y la etiquetas como «pareja», han empezado los problemas? Existe una explicación. En el momento en el que etiquetamos algo, de la índole que sea, actúan todas nuestras creencias asociadas al tema. En este caso, a la pareja. Y esto nos puede llevar a dos situaciones. La primera es aquella en la que se activan todos los miedos e inseguridades cuando te sientes en pareja, porque en el momento en que piensas que la tienes, aparece el miedo a perderla. ¿Le seguiré gustando? ¿Me seguirá queriendo? ¿Y si se fija en otra persona? También se activarán tus miedos si crees, por ejemplo, que el amor es para toda la vida y estás programada con esa creencia en aquellas situaciones que vivas como una posible amenaza. Puedes llegar a aguantar lo que no deberías porque crees en algo que no cuestionas y no te preguntas siquiera si eso te hace bien.

Por otro lado, están las personas que asocian tener pareja con la pérdida de la libertad. Así, cuando etiquetas tu relación como «de pareja», el otro (o tú) se va a echar para atrás como un cangrejo.

Cuestionar en profundidad nuestras creencias sobre el amor es básico para tener relaciones sanas y que funcionen.

DESMONTANDO MITOS EN LAS RELACIONES

Creo profundamente que en algún momento de nuestra vida debemos cuestionar todo aquello que constituye la base de lo que creemos sobre las relaciones: el mito del amor romántico y la pornografía. La primera, a nivel emocional, y la segunda, a nivel sexual; ambas importantísimas para una relación de pareja. En algún momento debemos hacer un alto y observar en detalle todo lo que nos hemos creído sin cuestionar, que opera en cada una de nuestras relaciones. Deconstruir no tiene como objetivo construir una nueva moralidad de las relaciones. Debe servirnos, más bien, para escuchar nuestra propia voz, independientemente de los dictámenes sociales. En algunas cosas comulgaremos con lo normativo y en otras, no. Además, es algo que puede variar con el tiempo. Lo importante es preguntarse qué es lo que hoy me sirve, qué no, sabiendo siempre que es algo que puede cambiar mañana. El autoconocimiento de tu propia historia juega un papel imprescindible para vivir con mayor consciencia tus relaciones.

¿EL AMOR TODO LO SOPORTA?

No. El amor incondicional solo puede darse en aquellas relaciones que funcionan con bases sólidas. Entonces sí que el amor contempla la totalidad del otro y es incondicional. Pero si la relación no es sana, no deberíamos amar al otro incondicionalmente. Deberíamos hacer uso de nuestros límites.

Por eso el amor no todo lo soporta. Las faltas de respeto, las humillaciones, las mentiras, los maltratos, no son algo que debamos soportar. En cambio, si en una relación hay correspondencia, buena comunicación y amor, es probable que se puedan sortear todos los desafíos que aparezcan. Aun así, el amor no es el único pilar para que una relación progrese en el tiempo. Existen otros factores tales como la evolución personal y que las dos personas tengan un proyecto en común sobre el que se construya esa relación. El amor es un gran pilar, pero no el único. La comunicación, la intimidad, los proyectos comunes, también son necesarios. Más adelante veremos qué es una relación sana y qué no lo es.

¿EL AMOR ES PARA TODA LA VIDA?

No tiene por qué serlo. Hay amores que duran toda la vida y los hay que duran un tiempo limitado, y eso no los invalida. Hay personas que aparecen en tu vida para quedarse, otras cuyo paso te enseña alguna cosa o te hace experimentar algo. Que una relación sea larga no es signo de éxito. Las relaciones tienen que ser sanas, si no, deben cortarse a tiempo para que se conviertan en aprendizajes. Lo importante es aprender a disfrutar del amor y de las relaciones, duren el tiempo que duren.

¿NO TENER PAREJA ES SINÓNIMO DE SOLEDAD?

No tiene por qué ser así. El amor se manifiesta de muchas formas. La pareja solo es una de ellas. Puedes rodearte de amigos, de amantes, de mascotas, de clientes, de personas puntuales que te nutran. Lo importante es que tengas amor en tu vida. La forma es irrelevante.

Esta es una de las razones por las que debemos revisar nuestras creencias. Nos han dicho que el amor de pareja te completa y eso no es verdad. Es cierto que hay personas que se sienten más cómodas viviendo el amor de esta manera, pero si en este momento de tu vida no tienes pareja, te garantizo que no estás condenada a estar incompleta. Asegúrate de que tienes una vida que te haga feliz a ti y que no venga de ninguna imposición social que te dicte cómo debería ser la vida ideal. Se trata de que te haga feliz a ti en todas las dimensiones. Disfruta de lo que tienes antes de involucrarte con alguien.

Estar en pareja no debe ser un objetivo. Es algo que aparece para sumar a una vida que en sí misma ya es satisfactoria.

¿LAS PAREJAS QUE VEMOS EN LA CALLE SON REALMENTE FELICES?

Ay, querida... Si pasaras un día completo en uno de mis talleres o consultas, verías lo que hay detrás de la vida de cada persona y sabrías que la respuesta es no, definitivamente no.

Vivimos en el mundo de la apariencia y de las sonrisas eternas de Instagram. Sonreír no es sinónimo de felicidad. Llevo toda mi trayectoria profesional acompañando a personas con vidas aparentemente maravillosas, pero que, entre bastidores, esconden grandes vacíos. Soy una gran guardiana de secretos. Incluyo esta pregunta porque es un clásico que aparece una y otra vez en mis sesiones. ¿Por qué mis amigas son felices y yo no? ¿Por qué la gente disfruta de lo que tiene y yo no? Como dice el refrán, *no es oro todo lo que reluce.*

Nadie dice que no existan parejas felices, pero compararse es un gran error. Si prestas atención, verás que, cuando haces comparaciones, casi siempre sales perdiendo tú. Cuidado con eso. Cada persona lidia con uno o varios desafíos en su vida. Y esto es así para todas.

Dicho esto, lo más probable, en realidad, es que la gente no sea tan feliz como aparenta en sus relaciones, todo ello como consecuencia de nuestra falta de educación emocional y de nuestra pobre cultura en materia amorosa. Recuérdalo, enfócate en ti.

SEGUNDA PARTE

INFANCIA, TRAUMAS Y RELACIONES

¿CÓMO APRENDEMOS A RELACIONARNOS?

Para poder entender en profundidad este tema es preciso ir a donde comienza todo: el feto dentro del vientre de una mujer, en el que experimenta un estado de profunda conexión y fusión. Es como vivir en el paraíso. Ahí lo tienes todo: comida, tranquilidad, seguridad, bienestar, sensación de absoluta fusión, hasta parece que te comunicas telepáticamente porque puede conseguir todo esto sin tener que pedirlo, sin hacer nada. ¡Es el éxtasis!

El primer trauma tiene lugar cuando salimos al mundo, porque acontece una primera separación de la madre. El bebé, ahora, tiene que respirar por sí mismo. A esto le tenemos que añadir los traumas que son consecuencia del tipo de partos propios de nuestra sociedad. Sin entrar en detalles, muchos de ellos no son partos respetados. Herencia de la cultura patriarcal, todo gira en torno a la comodidad de los médicos, no en torno a la mujer y al bebé (lo más natural, para la mujer, sería poder parir en la posición de cuclillas, por ejemplo; o, poniendo el foco en el bebé, parir en el agua, un medio que facilita la transición entre el lugar del que viene y al que llega, etcétera).

El trauma de la separación —además del trauma del parto— tiene un impacto muy fuerte en el sistema nervioso, con el corte del cordón umbilical y la necesidad de generar un tipo de comunicación para pedir comida, etcétera. El segundo trauma tiene que ver, precisamente, con la palabra y todo lo que el lenguaje implica. Hacia los tres años, aparece la identidad, la idea del «yo», de que soy alguien. Estamos «yo» y «el mundo». En esa etapa también, al desarrollar el habla, empezamos a etiquetar todo lo que nos rodea: objetos, situaciones, emociones. Comenzamos a generar asociaciones, a ponerle nombre al mundo y a interpretarlo. Esta interpretación irá generando distintos tipos de emociones.

Los objetos no suponen, al principio, grandes conflictos. Se trata de nombrar, «esto es una mesa». Pero cuando empezamos a etiquetar a la mesa y decimos que es bonita, fea, grande o pequeña, empezamos a conocerla mediante la comparación. Todo adquiere, así, esta condición dual: si hay un arriba, hay un abajo, si hay un dentro, hay un fuera, si hay algo bueno, hay algo malo. No solo lo aplicamos a los objetos, sino a las personas, a las emociones, a las experiencias. Empezamos a etiquetar nuestro mundo y a ponerle un significado. «Papá se ha ido de casa» y eso significa que «me ha abandonado», o «Mamá me riñe» y eso significa que yo «soy mala». Así se crea nuestro mundo y nuestras experiencias emocionales. La emoción es una consecuencia del pensamiento. En la etapa de los 0 a los 6 años se crean todos nuestros circuitos neuronales y se empieza a activar todo nuestro mundo emocional, nuestros afectos y nuestros apegos.

El lenguaje nos ayuda a sobrevivir en este mundo. Es indispensable para convivir en sociedad. Necesitamos saber que si hay un semáforo en rojo no podemos cruzar porque ponemos nuestra vida en peligro, y así es con todo. El lenguaje nos ayuda a sobrevivir, a podernos ocupar de las cosas, a entenderlas, a gestionarlas, pero también nos hace esclavos de un mundo en donde reinan la comparación, la subjetividad, el juicio y la linealidad.

Aprendemos de todos lados: de lo que vemos en casa, en el colegio, en la televisión, en los medios digitales (los niños de hoy ya «nacen» con un teléfono móvil en la mano), de lo que dice la religión, incluso de las conversaciones ajenas. Somos esponjas. Así se van creando nuestros códigos.

LA INFANCIA, NUESTRA INFANCIA

De los 0 a los 6 años nuestro cerebro, en formación, es flexible y está en pleno desarrollo. Es un período crítico porque tiene la capacidad de aprender más rápido y porque todo lo que se aprende en esas edades se fija, literalmente, en el cerebro. En la infancia se crean nuestros códigos, nuestras dinámicas y estrategias de supervivencia. Es allí cuando empezamos a normalizar ciertas actitudes que pueden ser sanas o no. Es cuando realmente construimos nuestro mundo y se crean nuestras creencias. Comenzamos toda la etapa de identificarnos con nuestros pensamientos, de creer lo que pensamos. Estas creencias tienen y tendrán un gran impacto en nuestro desarrollo.

Entender qué hemos normalizado en nuestra infancia es clave. En esta etapa se empieza a desarrollar nuestra personalidad y, por tanto, no solo nuestras estrategias de supervivencia, sino nuestra forma de relacionarnos con el entorno y, específicamente, con nuestros padres. Desarrollaremos dinámicas de lealtad o rebeldía con nuestro sistema familiar.

Por ejemplo, hay personas fuertes e independientes que han tenido madres con tendencia castradora en la infancia.

Frente a este tipo de madres hay dos opciones: la absoluta sumisión, donde la independencia y fortaleza están ausentes, o la rebeldía, cuyo precio es la soledad. Y si no tomamos consciencia de este tipo de dinámicas y las trabajamos internamente, acabaremos en la cama con nuestra madre. Sí, tendrá otra cara, pero estaremos involucradas en una relación cuyo funcionamiento nos resultará muy familiar. En realidad, y hasta cierto punto, es normal encontrarnos a nuestros padres en nuestras relaciones. No creo que haya que evitarlo. Sin embargo, cuando caemos en comportamientos tóxicos y desequilibrados, sí hay ajustes que hacer.

Si quieres tener relaciones sanas en tu vida, sean de pareja o de cualquier tipo, es aconsejable revisar cómo han sido las dinámicas en tu infancia y hacer un profundo trabajo sobre el tipo de relación que has tenido con tus padres.

MANERAS DISFUNCIONALES DE VIVIR (EL AMOR) EN CASA

A continuación, enumeraré algunas dinámicas tóxicas habituales en casa:

- Comunicarse a través de gritos.
- Que haya un conflicto en donde algún miembro de la familia se enfada mucho, luego pasa a estar en silencio y luego a hablar como si aquí no hubiera pasado nada.
- Ridiculizar el cuerpo de algún miembro de la familia, ejercer presión para que adelgace.
- Ver cómo los padres se enfadan y no hay actitudes de conciliación.
- Culpar al otro cuando ha cometido un error en vez de tratar de comprender qué ha ocurrido.
- Contar algo a los padres y no ser escuchado por ellos.
- Que no haya una validación de las emociones.
- Que se rechacen algún tipo de emociones.
- La dependencia excesiva de algún miembro de la familia.
- Los casos de hiperprotección.
- La excesiva permisividad, falta de límites.
- La subordinación de los padres a los hijos.
- El escaso nivel de tolerancia hacia el error ajeno.

- Los actos de humillación y palabras despectivas que empequeñecen a algún miembro de la familia.
- El chantaje emocional.
- Ejercer control sobre algún miembro de la familia.
- El castigo como hábito relacional.

Como decía al principio, es probable que estemos familiarizados con estas dinámicas porque a nuestros padres tampoco les enseñaron a relacionarse de otro modo. Cuando adoptamos estas formas de actuar de manera recurrente y no hay conciencia de que no son sanas, cuando no existe una posibilidad de reparación, acabamos normalizando este tipo de comportamientos tóxicos y se convierten en un patrón que llevamos a nuestras relaciones de adultos.

LAS ESTRATEGIAS PARA BUSCAR EL AMOR

Cuando durante la infancia experimentamos la falta de afecto, de amor, empezamos a sufrir a causa de las heridas emocionales que esto nos produce. En esa búsqueda del amor, desarrollamos estrategias para sobrevivir al dolor emocional. Este tipo de estrategias que en su momento nos sirvieron de protección y nos ayudaron a sobrevivir, se vuelven en nuestra contra si de adultos no las hacemos conscientes, si no nos damos cuenta de que se trata, precisamente, de estrategias. Vamos a vivir desde esas máscaras. No mostraremos quiénes somos realmente por miedo a que nos abandonen, a que nos rechacen o nos traicionen.

El eneagrama es un sistema de clasificación de la personalidad que explica muy bien qué tipo de máscaras y estrategias usamos. Lo estudié siendo muy joven (¡a los catorce!) y me parece una manera muy sencilla de comprender cómo se forja nuestra personalidad. Al final, nuestra personalidad es eso: las estrategias que adoptamos para protegernos.

Tomando como referencia el eneagrama, voy a describir cómo se protege cada eneatipo, su máscara, pero antes quiero hacer una aclaración importante. El objetivo de esta tipología de personalidades es ayudarnos a comprender las dinámicas que nos alejan de nuestra esencia y amorosidad. El riesgo es identificarse con la máscara. Una vez que conocemos nuestro eneatipo, es preciso soltarlo: darnos cuenta de que, en verdad, no somos eso.

El eneatipo 1 se protege buscando la perfección. Es la forma en que cree que conseguirá el amor del otro. Por supuesto, es una perfección irrealizable, porque ¿en qué consiste la perfección?, ¿cuándo la alcanzamos? La fantasía de esta personalidad es que, si hace bien las cosas, si se muestra como una persona íntegra, responsable, detallista —o lo que considere que es la perfección—, conseguirá el afecto y el amor de los demás. Son personas que sufren mucho, porque su nivel de autoexigencia es altísimo y se vuelven exigentes con los demás también. Sufren el mal de la insatisfacción crónica.

El eneatipo 2 es una persona que tiende a complacer. Siempre quiere ayudar al otro. Está totalmente disponible para los demás. Esa es su manera de buscar el amor y de protegerse en el mundo. Lo que sucede es que acaba negando sus propias necesidades. Busca el amor a través de la ayuda al prójimo. Esto enmascara, en verdad, un ponerse por encima de los demás, una forma de superioridad. Tiene dificultades en crear relaciones que funcionen porque no hay horizontalidad y, como he dicho antes, porque son personas que niegan sus propias necesidades y se acaban abandonando a sí mismas.

El eneatipo 3 busca el amor a través de sus logros, de ser una persona exitosa y de estar a la altura de los convencionalismos sociales, porque siente que su valía está ahí. Es una persona esclava de lo que se supone que hay que hacer y se desconecta de lo que realmente quiere.

El eneatipo 4 busca el amor de los demás a través del sentirse especial para el otro. Pero ser «especial» —como ser «perfecta»— puede consistir en cosas distintas para cada persona. Es una persona que persigue la sensación de ser especial, único, diferente. Pero esto mismo lo conduce, también, a sentirse excluido, raro y solo, y a desarrollar cierto dramatismo interno. Acaba convirtiéndose en una víctima de la vida. Su forma de sobrevivir es buscar ser alguien que tiene algo que le diferencia, algo único. Aparte de la soledad y el drama, cae en la comparación y en la envidia.

El eneatipo 5 se protege a través del mundo de las ideas. Se desconecta de su centro emocional y se va a pensar, lo intelectualiza todo. Se protege emocionalmente de los demás creando una cierta distancia y experimenta, por supuesto, mucha soledad y una gran dificultad para conectar con las otras personas.

El eneatipo 6 es la personalidad de quien tiene miedo, de quien duda, de la persona insegura. Necesita constantemente el apoyo de los demás y busca el amor a través de sentirse seguro con el otro. Pone a prueba la lealtad de las personas y suele recurrir a la manipulación para buscar ese amor.

El eneatipo 7 es un tipo de personalidad que para protegerse evita el dolor, quiere pasárselo bien, es adicto al disfrute. Es un tipo de personalidad a la que le cuesta enfrentarse a los conflictos o al dolor. Busca el amor intentando pasarlo bien.

El eneatipo 8 crea una muralla de fortaleza. Confunde vulnerabilidad con debilidad. Se pone en un lugar en que puede con todo y no necesita a nadie, quiere tener el control y se muestra autoritario. Le cuesta conectar con los demás, porque no puede conectar con su propio dolor, no se lo permite. Su creencia es que si es fuerte y poderoso será válido y querido.

El eneatipo 9 se protege evitando el conflicto, no quiere molestar a nadie ni tener problemas. Es una personalidad que busca el amor a través de ser muy conciliador y de amoldarse al pensamiento de los demás.

LA CREACIÓN DE NUESTROS PATRONES RELACIONALES

El 95% de las decisiones que tomamos viene de nuestro inconsciente. Hay tres formas de acceder a él y grabar información, positiva o negativamente. La primera, que ya comentamos, ocurre durante nuestra infancia, de los 0 a los 6 años, etapa en la cual nuestro cerebro es plástico y nuestras conexiones neuronales se están desarrollando. Somos esponjas que lo absorben todo. En ese momento ingresa en el inconsciente muchísima información.

La segunda forma de grabar información en el inconsciente es a través de la repetición. Cuando algo se reitera muchas veces, lo normalizamos. Hacíamos referencia, en el apartado sobre dinámicas tóxicas en casa, a esas cosas que hemos visto de forma habitual en nuestra familia. Eso es lo que se fija en el inconsciente. Por ejemplo, aquellas cosas que se nos han dicho con frecuencia, que somos tontos o que nunca llegaremos a nada en la vida o afirmaciones despectivas referidas a nuestro cuerpo.

La última forma en que se graba información en el inconsciente es a través del impacto emocional, de un «de repente». Cuando sucede algo que el cerebro no espera, que no acaba de entender, se crean unos anclajes que penetran en lo más profundo de nosotros. Por ejemplo, «de repente» se muere mi madre, o «de repente» mi padre se va de casa, o «de repente» mi padre me grita. Todas estas cosas que me generan un shock emocional, de lo más profundo a lo más sutil, pueden terminar creando un anclaje. Esta es la forma en que se crean nuestros patrones relacionales. Como se ve, aunque la etapa crucial es la infancia, puede suceder durante la edad adulta también, en cualquier momento.

Ahora que tenemos claro cómo funciona la creación de patrones, el siguiente paso es entender que una vez que el cerebro tiene los circuitos neuronales establecidos, siempre buscará lo conocido, la seguridad, lo familiar. Está hecho para sobrevivir, y no va a innovar ni salir de la zona de confort. Siempre se decantará por la opción más segura. Cuidado: que sea seguro para el cerebro no significa que sea sano, solo significa que lo ha aprendido. Lo que conoce es seguro porque se ha creado un hábito.

Cuando experimentas algo en la infancia, queda grabado en tu cerebro, se crean determinados anclajes y en adelante buscarás algo parecido simplemente porque te resultará familiar. Esta es la manera en la que funcionamos. Frente a unas circunstancias concretas, se crea un hábito y vuelves a pasar por ahí una y mil veces porque es lo familiar, aunque duela. Por eso las heridas de la infancia siguen abiertas. Somos sensibles a resortes que se nos activan cuando nos relacionamos con los demás, cuando nos dicen algo, etcétera; se activa en nosotros esa memoria y el cerebro responde de la misma manera de «siempre», reconoce una situación y la repite, y de igual forma sucede con los mecanismos de protección. Somos adultos que nos seguimos comportando como esos niños heridos que fuimos.

Por eso es tan importante tener recursos para hacer un trabajo de gestión emocional; sin ellos, estamos condenados a repetir patrones. No es verdad que tenga necesariamente que ser así, por supuesto. Pese a que nuestras tendencias son mecanismos arraigados que no desaparecerán de la noche a la mañana, es posible, trabajo mediante, aprender a tomar consciencia y a relacionarnos de nuevas formas... Por esta razón es tan necesario entender cómo funciona la mente. La felicidad no está en la cabeza, que no es más que un lugar de supervivencia. La felicidad está en ir más allá de la mente.

¿CÓMO FUNCIONAN TUS PROGRAMAS RELACIONALES?

Te propongo que investigues tu historia y explores cuáles han sido las dinámicas en tu casa a través de estas preguntas y otras que puedas hacerte.

- ¿Cómo recuerdas tu infancia?
- ¿Cómo ha sido y cómo es la relación con tu madre? ¿Y con tu padre?
- ¿Qué dinámicas había, para ti, entre ellos?
- ¿Qué dinámicas tenías tú con cada uno de ellos?
- ¿Existe algo en tus relaciones de pareja que te recuerde a tu madre o a tu padre? ¿Crees que hay algo que estás repitiendo? Teniendo en cuenta lo que hemos desarrollado en el apartado anterior, ¿por qué crees que podría ser?

LA QUÍMICA QUE SE ACTIVA
EN TUS RELACIONES

Antes de hablar sobre el impacto de las hormonas en nuestras vidas y relaciones, hagamos un repaso de las hormonas más importantes.

En primer lugar, el cortisol, llamada «la hormona del estrés». Le doy mucha importancia porque vivimos inmersos en una sociedad intoxicada por cortisol, por esa tendencia que tenemos a enfocarnos en la eficacia, los objetivos, las exigencias, las responsabilidades. Es una hormona que se segrega en momentos de amenaza, cuando tenemos desafíos o frente a una agresión. Activa dos respuestas: la lucha o la huida —una herencia animal— y es importante porque nos ayuda a sobrevivir. Pero existen dos problemas. El primero es que nuestro cerebro no distingue entre lo real y lo imaginario, y activamos nuestro sistema de defensa frente a cosas que no constituyen una amenaza real. El segundo problema tiene lugar cuando la liberación de esta hormona se convierte en algo permanente. Si esto ocurre frente a acontecimientos puntuales, el cortisol nos ayuda a sobrellevar los desafíos de la vida. Es su sentido biológico. Pero cuando lo segregamos de forma constante y nuestro sistema nervioso está en alerta permanente, el cuerpo se inflama (la inflamación, en medicina, es una puerta hacia la enfermedad) y se inhiben nuestras facultades racionales. El cortisol nos pone en un «modo supervivencia» y esto afecta a nuestra memoria y a nuestro raciocinio. Dicho de otra manera, cuando tenemos una intoxicación de cortisol no podemos pensar bien. Nos volvemos reactivos, y huimos o luchamos. Vivir las relaciones bajo los efectos del cortisol significa vivirlas a la defensiva y con poco sentido común.

Otra de las hormonas importantes en el terreno que estamos explorando es la oxitocina, porque es la sustancia que se activa en el organismo cuando nos vinculamos, cuando recibimos muestras de confianza, demostraciones de cariño. Es la hormona de las relaciones emocionales y sexuales. Cuando el nivel de oxitocina sube, baja el nivel de cortisol; de alguna forma son hormonas antagónicas. La oxitocina se libera cuando nos comportamos con amor, con cariño, con generosidad. También está muy presente en las relaciones sexuales, sobre todo con las caricias, los masajes, los besos —la previa— y también con la genitalidad.

Como dato curioso quiero mencionar que en las mujeres los niveles de oxitocina son más altos que en los hombres. Es una hormona cuyo rol es central durante el parto y la lactancia. Hay muchas mujeres a las que les inyectan oxitocina para poder parir. Cuando las mujeres están lactando, liberan mucha oxitocina. El cuidado del bebé les aporta esta hormona, por lo que en esta etapa ellas priorizan mucho el vínculo con sus bebés —y no el sexo—, como explicaré más adelante en este libro, cuando hablemos de relaciones y sexualidad.

La testosterona es la hormona que rige el deseo sexual. Los hombres suelen tenerla en mayor proporción que las mujeres, pero siempre dependerá de quién tengas al lado, por supuesto. Es recomendable que aquellas personas con falta de deseo sexual hagan un análisis hormonal para conocer su nivel de testosterona. Tanto por defecto como por exceso, los resultados son perjudiciales. En exceso, además de su impacto sobre la salud, tiene consecuencias a nivel sexual y relacional, porque implica más egoísmo y agresividad (es una hormona muy del yo, que parte de mis deseos sin demasiadas consideraciones por los del otro). Por defecto, como mencionábamos antes, afecta al deseo sexual. En la etapa del enamoramiento, que veremos en detalle más adelante, los niveles de testosterona disminuyen en los hombres mientras que se incrementan en las mujeres. A grandes rasgos, esto conlleva, en esta etapa, que las mujeres se vuelvan más sexuales y los hombres más emocionales.

La dopamina es la hormona relacionada con el deseo, la motivación y el placer y, sobre todo, es uno de los neurotransmisores más importantes en el circuito de recompensa. Su papel es central en todas las relaciones tóxicas que tenemos, caracterizadas por altos niveles de dopamina. Es fundamental entender cómo funcionamos: la dopamina activa un mecanismo cerebral llamado circuito de recompensa que hace que tendamos una y otra vez a repetir comportamientos y consumos en busca de esa sensación placentera que comportan.

Por ejemplo: ¿recuerdas alguna relación en la que te sentías colgada de alguien que en realidad no te gustaba demasiado, pero de quien no podías desengancharte? Una de las cosas que ocurre en este tipo de situaciones es, precisamente, esa adicción a la dopamina. Algo en esa relación te proporcionaba placer o bienestar, activando el circuito de recompensa. Otro ejemplo típico se da cuando la persona que me gusta no me escribe, pero mi deseo es que lo haga; busco la manera de llamar su atención y logro que me escriba. Así se empieza a generar una adicción. El otro nuevamente se alejará de mí y yo querré que se acerque otra vez para obtener esa recompensa, sin importarme si me conviene o no. Como se ve, cuando establecemos relaciones desde este lugar, entramos en un circuito adictivo, quedamos «enganchadas» al otro como a una droga. Esto es algo a contemplar y a trabajar.

Por último, tenemos también la serotonina, que es la hormona relacionada con el estado de bienestar y felicidad, que influye mucho en la libido. Cuando estamos bien con nuestra pareja, hay sexualidad, nos abrazamos, reímos, la serotonina aumenta. Es algo muy importante en nuestras relaciones.

Durante nuestra infancia, adolescencia y en la edad adulta, vivimos ciertas experiencias que han dejado una huella en nosotras y en las que segregamos ciertas sustancias que, al final, son aquellas a las que somos adictas. Otra manera de explicar los patrones relacionales es entendiendo, de nuevo, cómo funciona el cerebro. Sabemos que tiene la tendencia a elegir siempre una situación parecida porque le resulta familiar y lo familiar para el cerebro es lo seguro, sea sano o no. Mientras tú tienes estas experiencias, segregas una sustancia específica, y cuando se repite, la vuelves a segregar. Esto genera adicción. La «química» juega un papel decisivo en todo lo que vivimos en las relaciones —cómo nos enamoramos, cómo transitamos un duelo, las relaciones intermitentes o tóxicas—. Por eso hay que hacer un trabajo de gestión emocional, porque lo racional se queda corto, no alcanza. Estamos lidiando con una adicción, es un proceso químico. Tenemos que ser conscientes de que estamos movilizando hormonas, conocer qué es lo que sucede en nuestro cuerpo. Hacia el final del libro te daré herramientas prácticas para que puedas gestionar todo esto de manera profunda y eficaz.

¿POR QUÉ NOS GUSTA SUFRIR?

Aunque mucha gente afirma que nos gusta sufrir, esto no es cierto. Somos adictas al drama, a esas sustancias de las que hablamos en el capítulo anterior. Tenemos unos hábitos relacionales y formas de funcionar que son las «normales» para nuestro cerebro y que repetimos una y otra vez. Estamos programadas para hacerlo. Hasta que seamos capaces de desprogramarnos. Por eso la gestión emocional y el despertar espiritual son esenciales. Existe la tendencia a estar condicionadas por nuestro pasado (y si tienes un pasado, vas a tener un futuro), por eso es necesario trabajar activamente sobre nosotras mismas.

LA MALA NOTICIA: NADIE
TE PUEDE HACER FELIZ

Sí, el verdadero desarrollo personal conlleva ponerte en un lugar en donde, a través del trabajo diario, tomas conciencia y te haces responsable de que nadie te puede hacer feliz. Tu felicidad depende de ti. Por eso, antes que nada, tienes que deconstruir todo lo aprendido hasta ahora, examinarlo y decidir con qué te quedas y con qué no.

La afirmación de que nadie te puede hacer feliz puede sonar deprimente para algunas personas. «Yo quiero tener una pareja, tengo anhelos en mi corazón de fundirme con alguien, de vivir una historia increíble.» Y eso lo puedes tener, sin duda, pero nadie te puede hacer feliz si tú no estás bien, si no tienes gestión emocional, si no sabes volver a tu paz cada vez que la pierdes. Si estas cosas faltan, cualquier cosa o persona, aunque sea lo que siempre soñaste, no será suficiente. Tomar conciencia de que nadie te puede hacer feliz es desmontar muchos castillos de naipes, es dejar caer muchas ilusiones. Pero, a cambio, se abre una maravillosa puerta a una felicidad más real, profunda y sólida. Emprendes este viaje de la vida como protagonista y lo terminas de la misma manera. Lo demás entra y sale de tu vida, la que permanece siempre eres tú, así que eso es lo único de lo que te tienes que ocupar, de saber volver a ti, que eres tu hogar, cada vez que sales de él.

LA BUENA NOTICIA: NADIE
TE PUEDE HACER FELIZ

Soltar la esperanza de encontrar a alguien que te dé «eso» que crees que necesitas para ser feliz es, aparentemente, una mala noticia. Pero cuando empiezas a darte cuenta de que poner el foco de la felicidad en ti te da muchas más posibilidades de estar en paz y de alcanzar un estado de plenitud, independientemente del otro, las cosas cambian. Empieza a leer esta frase con énfasis y a disfrutar de la gran libertad que hay detrás de esto. Te liberas de la dependencia, te vuelves tu propio centro y te relajas de una manera realmente profunda. Nadie te puede hacer feliz, ¡qué buena noticia!

TERCERA PARTE

HERIDAS EMOCIONALES
Y TIPOS DE APEGO

LOS CINCO TIPOS DE
HERIDAS EMOCIONALES

Podemos listar cinco tipos de heridas en la infancia: la de abandono, la de rechazo, la de traición, la de humillación y la de injusticia. Aquí vamos a hablar de todas ellas, pero nos detendremos, sobre todo, en las dos primeras. Como comentaba en la primera parte de este libro, creo que la herida de abandono es una de las más extendidas porque, por nuestro contexto histórico-cultural, seguramente hemos sido hijas de padres que han estado enfocados primero en la supervivencia y luego en el bienestar familiar, que han trabajado mucho y no nos han dedicado el tiempo que necesitábamos o, si lo han hecho, no ha habido un acompañamiento emocional. Algo lógico, porque ellos mismos no han tenido una educación en las emociones. Es inevitable, entonces, que la mayor parte de nosotras tengamos esta herida. Es la que yo más considero, trabajo y reviso.

La herida de rechazo también tiene raíces histórico-culturales y, como la de abandono, está igualmente generalizada. Vivimos en una sociedad que nos propone constantemente modelos de vida: qué pensar, qué vestir, qué comer, qué cuerpo lucir, qué estudiar, dónde vivir, cómo relacionarnos, etcétera. Y estos modelos se convierten en lo normativo, la vara con la cual estamos continuamente midiéndonos y comparándonos. Es un tipo de sociedad en la que se nos ha enseñado a aparentar porque hay que encajar en un modelo. Hoy luchamos para que lo normativo no sea la única manera de existir en este mundo. Como ves, la herida de rechazo tiene un enorme impacto: si caes fuera del modelo normativo, sea por lo que sea —tu tendencia sexual, tu forma de vivir, tu cuerpo— te vas a sentir rechazada, a menos que hayas hecho un trabajo personal y puedas ver más allá de él.

Las heridas emocionales están vinculadas, entonces, a lo colectivo —son generacionales o culturales—, pero también tienen un componente individual. Dependen de la biografía de cada persona, de las experiencias que hayamos vivido en la infancia. Si de pequeña has sufrido *bullying*, la herida de rechazo estará muy presente en ti. Si tus padres se han separado siendo tú una niña, y lo has vivido de una manera traumática, porque no ha habido un acompañamiento emocional, es muy probable que tengas una herida de abandono muy marcada.

Hay heridas que están muy extendidas en la sociedad, y hay otras que tenemos muy marcadas por nuestras propias experiencias personales.

Daré más importancia a las heridas de abandono y de rechazo, pero las otras también existen. Este es un mapa, y lo considero valioso porque puede ayudarte a entender que todas tenemos unos lugares más sensibles que otros, unas tendencias más marcadas que otras. Y lo sabrás porque cuando toques estas zonas, tu sistema nervioso se pondrá en alerta.

No olvides trabajar tus heridas. Quienes tienen miedo al abandono suelen convertirse en personas que abandonan. Quienes tienen miedo al rechazo, suelen convertirse en personas exigentes que terminan rechazando a los demás y así sucesivamente. Los patrones emocionales y relacionales se han de trabajar. Recuerda que el cerebro siempre elige la opción más cómoda, la más familiar, y por eso tendremos tendencia a repetirlos. Algo que no queremos. Trabajémoslo entonces.

Para complementar esta lectura, escanea este código QR y accede a un Live de IG sobre las cinco heridas emocionales.

LA HERIDA DE ABANDONO

Creo que es la herida más extendida socialmente, y en la mayoría de las personas está combinada con la de rechazo. Es muy interna y está asociada a una tristeza profunda que tiene que ver con lo familiar. Aquí me voy a ceñir a presentarla en su forma más pura.

La máscara de la herida de abandono es la dependencia. Me enfoco tanto en el otro que acabo abandonándome a mí misma. Pierdo el registro de lo que me pasa: ya no sé qué siento, qué me gusta. Solo siento miedo a que el otro se aleje. Todo gira alrededor de «¿Y si se va?, ¿y si me deja?». Estoy atenta a todos los mensajes y posibles alertas que indiquen que el otro se aleja. Dedico toda mi energía a evitar que esto suceda. Escucho todo lo que dice el otro, estoy pendiente de cada detalle. Puedo ser muy empoderada cuando estoy sola, pero en una relación de pareja acabo disolviéndome. Entro en un estado de confusión. Ya no sé cuáles son mis límites ni qué es lo normal; naturalizo cosas que no son sanas, caigo en lo tóxico. Me falta discernimiento.

La herida de abandono produce temor a que el otro me deje. Es una energía que se dirige hacia afuera y hacia adelante. Quiero obtener una validación a través de la otra persona. Es una herida que se activa en el momento en que creo que el otro se aleja o se ausenta.

Me he encontrado muchos casos de mujeres que han hecho un trabajo personal, que se sienten empoderadas, que conocen a alguien y, ¡ostras!, se sienten orgullosas de poder tomarse su tiempo para observar si esa persona les gusta o no. Es algo que las hace sentir muy bien con ellas mismas. Tienen la actitud abierta y relajada de estar simplemente conociendo a alguien. Pero sucede que en el momento en que esa persona se aleja —y esto puede pasar muy al principio o al cabo de unas semanas—, pierden completamente de vista lo que ellas sienten y empiezan a poner el foco en el otro. Como decía antes, pasamos a estar completamente pendientes de la otra persona: si me responde o no un WhatsApp, si reacciona de esta o de aquella otra forma, etcétera. Necesito confirmar si le gusto o no. Así, me abandono a mí misma, porque abandono lo que yo siento. Es un estado que se retroalimenta: en la medida en que estoy pendiente de la otra persona, me abandono, y en la medida en que me abandono, refuerzo este estar pendiente del otro. Llega un punto, como decíamos hace un momento, en donde la confusión es tal que es muy complicado poner límites. Si se da de forma extrema, este tipo de relaciones serán muy disfuncionales, muy tóxicas, llegando incluso al maltrato.

En términos bioquímicos, cuando empezamos una relación con otra persona experimentamos cierto placer, producto de la dopamina. Pero si tenemos una herida de abandono, también sentiremos estrés, producto de las hormonas del cortisol. Si estoy constantemente alerta porque tengo miedo de que la otra persona me deje, si tengo la sensación de que el vínculo pende de un hilo porque no estoy segura de si le gusto o no, me estoy intoxicando de cortisol. Por eso muchas de las personas que sufren la herida de abandono lo pasan tan mal al comienzo de una relación. Para ellas, no se trata de la mejor etapa; tienen mucho miedo a que las dejen.

Esta es la otra cara del maravilloso estado que asociamos al enamoramiento. La intoxicación de cortisol que provoca la alerta constante en personas con herida de abandono produce una pérdida de sentido común. Por eso es importante trabajar esta herida al iniciar una relación, incluso antes, para no abandonarnos a nosotras mismas y entrar en relaciones que desde el principio no funcionan o con personas que directamente no nos gustan, pero que esa falta de sentido común y de discernimiento no nos permite ver.

Escanea este código QR para profundizar sobre la herida de abandono.

LA HERIDA DE RECHAZO

¿Quién está exenta de la herida de rechazo, aun cuando no sea la herida fundamental de nuestra vida, si la sociedad nos impone modelos en todos los ámbitos? Como decíamos al principio de este capítulo, es una herida prácticamente universal. En ella se juegan nuestros ideales de cómo deberíamos ser, porque anhelamos pertenecer al grupo. Al final, con tal de no sentirnos juzgadas, callamos y hacemos lo que se supone que hay que hacer. La herida de rechazo se caracteriza por la sensación de que si yo me permito ser quien de verdad soy, el otro no me va a querer. Su máscara es la evitación, la huida. Hay miedo a expresarse, a mostrarse, porque eso puede generar rechazo en el otro. La persona con esta herida acaba reprimiendo quién es en todos los niveles. No expresa lo que piensa en una conversación con sus amigos, tiene miedo de hablar en público, de vestir de tal manera, en suma, de llevar la vida que desea. Tal vez quiere cambiar de trabajo, o le gustaría desarrollar ciertas habilidades o profesión, pero el miedo al qué dirán es más fuerte y termina no haciéndolo. Esta herida se refleja en contextos familiares, pero también sociales, en donde no me permito expresarme.

A nivel relacional, en intimidad, vemos que la estrategia que usan las personas con herida de abandono para sobrevivir es protegerse. Observan al otro para saber si pueden fiarse de él. Solo cuando comprueban que eres realmente confiable, se abren un poco, y aun así, con reservas. Sucede lo contrario que con la herida de abandono, en donde se entrega mucho, porque creemos que a través del dar conseguiremos que nos quieran. Aquí es al revés: no soy muy generosa afectivamente para evitar que me rechaces. No me muestro, me protejo de la decepción. A la hora de relacionarse con el otro, estas personas suelen ser muy exigentes, pero esto encubre una inseguridad. Soy muy crítica contigo, te pido mucho, pero es porque me quiero asegurar, en el fondo, de que vas a estar a la altura de lo que necesito y de que no me vas a hacer sentir mal, de que no me vas a rechazar.

A estas personas les cuesta muchísimo confiar. Lo que tienen que trabajar es precisamente la confianza. Tienen que aprender a estar dispuestas a pagar el precio por ser quienes son, que, en el largo plazo, es mucho más beneficioso.

Escanea este QR si quieres encontrar más información para profundizar en la herida de rechazo.

LA HERIDA DE TRAICIÓN

La herida de traición se manifiesta sobre todo en el área afectivo-sexual Se caracteriza por percibir que la otra persona es una amenaza para mí. Lleva aún más lejos que la herida de rechazo la desconfianza hacia los demás: te pongo a prueba constantemente para comprobar si realmente me vas a traicionar o no. Entra a jugar, a nivel relacional, la energía de los celos, de la posesión, de marcar territorio, de limitarte mucho para protegerme y que no representes esa amenaza.

La máscara de esta herida es el control sobre la otra persona. Constantemente imagino que mi pareja coquetea o fantasea con otra persona. Se teme mucho a la infidelidad, a que el otro se enamore de otra persona. Se busca por todos los medios la forma de que eso no suceda.

En apariencia, las personas con herida de traición son muy seguras de sí mismas, pero esto no es real. Son muy sobreprotectoras, se hacen cargo de las cosas del otro, pero no es más que una estrategia para controlarlo. Son personas celosas, posesivas. Tienen un montón de imágenes en su cabeza asociadas a la infidelidad, ven señales en todos sitios de que serán traicionadas. Cualquier cosa que esté fuera de su terreno activa el control. Cuando la pareja está en un marco protegido, quienes tienen esta herida viven el amor de una manera muy pasional, se fusionan, se entregan. Pero cualquier estímulo externo que pueda romper esta situación —una persona nueva que me presentan, el llamado de un desconocido, lo que sea— activa los patrones de control, de celos, el pedido de explicaciones, la necesidad de protegerse, porque sienten que todo puede ser una amenaza.

Frente a una señal de alerta, suelen ser muy contundentes, no hay forma de dialogar, se vuelven intolerantes, te interrumpen cuando hablas, no hay flexibilidad. Son personas obsesionadas con la traición y tienen miedo a verificar si ha ocurrido. Son muy sensibles en este terreno, y consideran traición algo que para otra persona no lo sería.

El problema de la persona que tiene esta herida es que no puede confiar. Necesita protegerse. Cree que le puede volver a pasar. Tiene tanto miedo de ser traicionada como de traicionar. Odia las mentiras, aunque las termina diciendo. Las justifica, cuando a su pareja no se las toleraría. Mientras ponen a prueba a la pareja, porque es una confianza que el otro se tiene que ganar, no se dan cuenta de que esto desgasta la relación, aleja al otro.

Las personas con herida de traición protegen mucho su intimidad. Sienten que tienen un tesoro dentro, que no pueden compartir con cualquiera. Son muy exigentes con los demás y muy fáciles de decepcionar. Son muy críticas y no se callan las cosas: te dejan claro lo que no pueden tolerar.

LA HERIDA DE HUMILLACIÓN

Es la herida más difícil de percibir, porque es muy interna. Está asociada a la vergüenza y al cuerpo. Su máscara es el masoquismo. De alguna forma, me convierto en cómplice de que me traten mal. Aguanto, aguanto, aguanto. Siento muchísima vergüenza y culpa; me siento muy poco digna o merecedora, pero no lo expreso. Me coloco en ese lugar en el que me siento una alfombra: «Písame y haz conmigo lo que quieras». El problema es que no pueden expresar cómo se sienten. Tienden a autolesionarse, a trabajar mucho o a comer para mitigar ese dolor.

Compensar a través del trabajo está asociado también a la necesidad de ser independiente, porque, al final, el otro me trata mal. Ser independiente es una estrategia de protección, aunque termino siendo esclava de mi trabajo. Una cosa desequilibra la otra.

LA HERIDA DE INJUSTICIA

Se caracteriza por la rigidez. Las personas con herida de injusticia son inflexibles, muy mentales y bloquean sus emociones. Cuando sienten que alguien ha sido injusto con ellas, se creen con todo el derecho a tomar represalias, desde criticar hasta recurrir a la justicia. Tienen poca capacidad para el diálogo y para la gestión emocional. Son muy intolerantes y exigentes.

Tienen una idea muy clara de cómo deberían ser las cosas, y si la realidad no es como quieren, además de inflexibles, tienden a castigar al otro. Tienen poca capacidad de aceptar la realidad tal como es, de relajarse.

Esta herida no se proyecta tanto en las relaciones de pareja, es algo que tiñe todas las dimensiones de la vida. Hay una negatividad, una sensación general de que el mundo no va bien y cualquier cosa puede provocar mucha frustración. Creen que dan mucho más de lo que reciben. Hay una falta de humildad grande, falta corazón y humor respecto de la propia humanidad, que no es una imperfección, como piensan. Son personas que se sienten superiores, exigen y recriminan, aleccionan a las personas y creen que el resto está en deuda con ellas. Nada es suficiente. Para una persona con esta herida, el trabajo con el cuerpo es fundamental, ya que tiende a estar muy bloqueada sexualmente. También practicar el diálogo, para fomentar la tolerancia.

Escanea este QR para complementar lo que has leído sobre la herida de traición, humillación e injusticia.

LOS TRES TIPOS DE APEGO

El mapa de los apegos que presento a continuación me encanta porque resulta muy útil para ver cómo funcionamos a nivel afectivo. El tipo de apego que tenemos está relacionado con la forma en que, desde pequeñas, aprendimos a vincularnos, en primer lugar, con nuestra madre. Nos muestra cómo hemos desarrollado nuestra forma de apegarnos al otro. Aquí hablaremos de tres, aunque algunos autores hablan de más.

Al final de este apartado tienes el código QR de una conferencia que dicté sobre este tema, que te permitirá profundizar en él. Mi intención cuando la impartí era mostrar que una de las consecuencias de la herida de abandono —mayoritaria entre las personas que acuden a mis cursos y talleres— es la de demandar que te den amor, un básico que no se debe reclamar nunca. Y este es un tipo de comportamiento ansioso vinculado con esta herida. De esta forma, reconocer mi herida me permite comprender mi *modus operandi* a nivel relacional y me permite empezar a trabajarlo para darle la vuelta.

Traigo esto a colación para explicar que lo valioso de un mapa está en que sirve para entender qué es lo que tiene que trabajar cada persona según su patrón de funcionamiento. El trabajo para una persona con apego ansioso no es el mismo que para otra que tiene apego evasivo. Como he dicho antes, no todo sirve para todas; no hay recetas universales ni que nos funcionen por igual, porque partimos de lugares distintos.

Aunque mi trabajo más típico es el práctico —identificar los pensamientos que te estresan y aprender a cuestionarlos—, le doy importancia a este trabajo más teórico de los mapas relacionales porque, como mencioné hace un momento, ayudan a las personas a entender cuál es el trabajo a desarrollar según el punto en donde estén.

Te invito a escanear este QR para acceder a la conferencia sobre los tipos de apego.

APEGO ANSIOSO

Es el tipo de apego al que más espacio doy porque, en mi experiencia, es el más frecuente, sobre todo en las personas con herida de abandono. Quienes tienen apego ansioso basan su felicidad en la relación de pareja y tienen miedo a ser abandonadas. Necesitan estar constantemente con la pareja, es su manera de sentirse seguras. «Si te veo, te tengo; cuando me alejo, tengo miedo de perderte.» Gastan su energía emocional en pensar en la relación. Sienten que su pareja les puede abandonar en cualquier momento y están pendientes de cualquier señal que lo demuestre. Interpretan todo lo que hace su pareja y se desconectan de su propia necesidad. Se adaptan.

Es preciso darse cuenta de que no solo las relaciones de pareja se viven con ansiedad. El resto de las relaciones personales, sean de amistad, laborales, familiares, siguen el mismo patrón. Estamos pendientes de la otra persona y buscamos ejercer un cierto control, en el sentido de estar verificando todo el tiempo si ese otro está disponible para mí o no, si le gusto o no. Busco el contacto permanente. Soy demandante, dependiente y tengo el foco puesto en la otra persona. Si tengo apego ansioso, ¿qué es lo que necesito aprender? A estar en mí, a habitarme, aun si estoy conociendo a alguien.

Las personas con apego ansioso ven romántico lo insano. Por eso, cuando tienen una relación sana, se sienten aburridas. Creen que les falta algo, una suerte de intensidad. Hay que desintoxicarse de los dramas y sus efectos. El apego ansioso busca inconscientemente esas situaciones «intensas» porque es la forma en que han aprendido a relacionarse con el amor.

Puedes profundizar en este tipo de apego escaneando el siguiente código QR.

APEGO EVASIVO

Es un tipo de apego que está muy conectado con la herida de rechazo. Las personas que lo tienen son más distantes

91

y frías. Les cuesta expresar las emociones. Le temen al compromiso. Dan demasiado valor a la independencia y autonomía personal. Delante de la intimidad, se abruman. La cercanía de la otra persona les produce miedo, todo su cuerpo se echa para atrás. Las cosas marchan bien hasta que sienten que el otro se acerca en exceso. Entonces reculan, ponen límites. Tienden a no querer etiquetar las relaciones. Rehuirán decir «Esto es una relación de pareja», porque eso es precisamente lo que activa el miedo a perder la propia libertad. Son personas que tienen que aprender a confiar y a quedarse. Su gran miedo es que les hagan daño.

Tener apego evasivo no significa no tener pareja. Hay muchas personas con este tipo de apego en pareja, pero les cuesta entregarse, comprometerse. Al final, son personas que no están disponibles. Como tienen mucho miedo a ser lastimadas, activan estrategias de protección. Les cuesta intimar y profundizar en el vínculo, porque eso las hace sentir más expuestas y vulnerables. Cuando se relacionan con una persona con apego ansioso, entran en pánico. Salen corriendo de ahí porque la cercanía y la demanda activan su sistema defensivo. Es conveniente que alguien con apego evasivo se relacione con personas con apego seguro; de otra manera, caerá en relaciones intermitentes, porque si se vincula con una persona con apego ansioso, siempre querrá irse.

Escanea este QR para profundizar en el apego evasivo.

En el apego seguro hay un equilibrio adecuado entre dopamina y serotonina.

Lo más característico de las personas con apego seguro es que la intimidad no las abruma. No les genera ni ansiedad ni temor. Representa la forma más sana y madura de relacionarse con los otros. Delante de una persona con apego ansioso o evasivo, actúan de parachoques, pueden sostener la carga emocional del otro sin convertirla en un tema personal. Tienen mucha claridad a la hora de saber qué es lo que quieren y qué no, y mucha facilidad para poner límites, para comunicar lo que necesitan. Son personas que casi siempre tienen pareja, porque saben estar en el vínculo, porque cuando están con alguien y están bien, establecen relaciones duraderas. Cuando atraviesan una época de exploración para encontrar una pareja, no se quedan mucho tiempo en donde es un «no». Si conocen a alguien y no funciona, sueltan. Cuando encajan con alguien, se quedan. Como saben diferenciar entre lo que es sano para ellas y lo que no, tampoco suelen atascarse en relaciones disfuncionales. Tienen la antena bien colocada, por eso les es más sencillo fluir en una relación.

Cuidado con idealizar a este perfil de personas. Que en la intimidad con el otro funcionen bien no significa que no tengan otro tipo de conflictos, en otras áreas, con el dinero, por ejemplo, o con su cuerpo o su salud. Los desafíos estarán en otros sitios.

¿QUÉ PASA SI SE JUNTA ALGUIEN CON APEGO ANSIOSO CON UNA PERSONA CON APEGO EVASIVO?

Bienvenida al drama. Este es el perfecto tándem para el desequilibrio. Mientras que la persona con apego ansioso se acerca, la que tiene apego evasivo huye. El sufrimiento, en una relación así, está asegurado: la persona con apego ansioso se va a sentir no correspondida y la que tiene apego evasivo se sentirá agobiada. Es la historia de muchas de las relaciones en donde hay un tira y afloja disfuncional. Si perdura en el tiempo, puede derivar en relaciones de gran dependencia para la persona con apego ansioso y en relaciones intermitentes para la persona con apego evasivo, que se tomará «tiempos» porque se siente asfixiada.

Se trata de relaciones tóxicas y muy disfuncionales. Hay que desmitificar este tipo de relaciones que un romanticismo mal entendido idealiza y propone como modelo: «Si tengo paciencia, la otra persona acabará abriendo su corazón, terminará amándome»; «Si mi amor es incondicional, acabaré siendo correspondida». El mito romántico nos ha hecho mucho daño. Nos ha ocultado la diferencia entre lo que es sano y lo que no lo es. Estas relaciones no son sanas. Tenemos que hacer un esfuerzo por comprender que la combinación de un apego ansioso con un apego evasivo desequilibra a ambas partes. Debemos dejar atrás la idealización infantil de que acabaremos juntos porque el amor lo puede todo. Tanto la persona con apego ansioso como la persona con apego evasivo tienen que hacer un trabajo individual y relacionarse con personas con apego seguro.

¿QUÉ PASA SI SE JUNTA UNA PERSONA CON APEGO ANSIOSO CON OTRA CON EL MISMO TIPO DE APEGO?

Imaginemos a dos personas con apego ansioso que comienzan una relación. Se trata de dos personas que necesitarán, constantemente, verificar que el otro les corresponde. De entrada, será una relación muy intensa, muy pasional, tendremos una sensación de fusión constante. Habrá una exageración en la emocionalidad. Haremos todo en conjunto, nos proclamaremos amor eterno. Sobreactuaremos la intensidad. Frente a esta situación, pueden suceder dos cosas: o que un miembro de la pareja empiece a sentirse agobiado y se transforme en un apego evasivo, o que uno se vuelva muy posesivo y celoso por miedo a que le dejen. En cualquier caso, la relación se vuelve tóxica.

CONCLUSIONES

El autoconocimiento debe servirnos para entender nuestro mapa psicológico y emocional, y para poner en marcha recursos que se adapten al lugar desde donde operamos. Tenemos diferentes necesidades según nuestro tipo de apego. Las personas con apego ansioso tienen que aprender a ver la diferencia entre lo sano y lo insano, a ser más selectivas, a poner límites, a decir «sí» cuando se aseguran de que tienen unos mínimos. Las personas con apego evasivo tienen que aprender a confiar, a abrirse, y en la medida en que se abren, si hay algo que no les encaja del otro, aprender a poner límites desde ahí, sin necesidad de irse de la relación. Ambos tienen que aprender del apego seguro. Tienen que establecer relaciones con personas con este tipo de apego.

Para romper patrones, además del trabajo personal, es importante rodearse de gente que actúe como una referencia de lo que es sano y de lo que no lo es. Cuando abordemos el tema de romper patrones, en el capítulo octavo, profundizaremos en la importancia de tener buenos referentes.

CUARTA PARTE

CUEVA, FASE DE EMPODERAMIENTO Y PRUEBA Y ERROR

¿POR DÓNDE EMPEZAMOS?

Las relaciones de pareja tienen distintas etapas. Este libro propone un viaje por cada una de ellas. Es indistinto por dónde comencemos: por la etapa del duelo, por ejemplo, o por la de conocer a alguien. Decidí hacerlo por la fase de la cueva, empoderamiento y prueba y error, porque probablemente muchas de las personas que lean este libro están en un proceso de desarrollo personal, de autoconocimiento, de estar consigo mismas, en contacto con sus heridas, para luego comenzar el viaje compartido. Por eso creo que es una buena idea arrancar por aquí.

Las fases de las relaciones son: la cueva, el empoderamiento, salir de la cueva y abrirse al mundo, experimentar con las personas, vivir el viaje de las relaciones y, cuando no funciona y se rompe la relación, pasar por la fase del duelo, y de nuevo vivir el viaje de sanar las heridas y romper los viejos patrones, la fase de reconstrucción. Verás que el libro termina como ha empezado, con la fase de reconstrucción, pero en ese caso, con la clave añadida de cómo romper con el karma de las relaciones disfuncionales. Por tanto, aquí empieza el viaje de lo que es disfuncional, para acabar, más adelante, en este mismo punto pero integrando ya lo que es funcional.

LA SOLEDAD COMO BIEN PRECIADO

Es verdad eso que dicen de que la mejor manera de encontrar pareja es no necesitándola. Pero cuidado con «trabajarse» y sentir ese «no necesito una pareja», para así «atraer» a la pareja que quiero. Eso no es honesto. Es control, control y más control. Trabajamos por amor a la verdad y a nuestra paz, no para controlar. Lo ideal sería que todas las personas, antes de empezar una relación o en el intervalo de una relación a otra, aprendieran a estar bien con ellas mismas. Hemos escuchado infinidad de veces aquella frase que dice que no necesitamos que nadie nos complete porque somos seres completos en sí mismos, pero debemos entender en profundidad qué significa y comprometernos a vivir esta verdad de manera coherente. La soledad bien entendida es necesaria, pero si se convierte en un fin último, en el signo de buena salud espiritual, no tiene sentido. Somos seres sociales con una gran necesidad de generar oxitocina. Aclarado este punto, es necesario saber estar sola porque muchas veces lo estaremos, pero además porque si no tenemos una vida satisfactoria, vamos a proyectar en otras personas aquello que sentimos que nos falta.

Si mi vida no me acaba de gustar y comienzo una relación con alguien, siempre voy a tener la sensación de que mi vida con esa persona es mejor que la que tenía estando sola, y que sin esa persona, mi vida empeoraría muchísimo. Iniciar una relación desde ese lugar conduce al fracaso. Primero debo tener una vida que me satisfaga. Entonces, cuando conozco a alguien que me resuena, con quien hay buen *feeling* y pienso que puede funcionar, lo que siento es que esa persona suma a mi vida, pero que si no está, mi vida sigue estando llena de sentido y es satisfactoria. De lo contrario, se corre el riesgo de que el otro llene algunos vacíos que yo no he sabido gestionar por mí misma.

Sin embargo, hay que matizar esto de la «soledad» y de «llenarse los propios vacíos». Aprender a estar con nosotras mismas y a tener una vida que nos satisfaga no es incompatible con que estemos disponibles para iniciar una relación, para compartir la vida con alguien, ni con querer tener una relación de pareja y con accionar para que eso suceda. Como somos seres que nos vamos desarrollando en un viaje que no se hace en dos días, sino en toda una vida, nuestro trabajo es ir viendo de qué manera en nuestro día a día hay más alegría y plenitud.

En el terreno de lo afectivo, es necesario entender que el amor se manifiesta de muchas formas y que es importante que estemos nutridos emocionalmente de las formas que sea, para que nuestra vida esté llena de amor y para que no volquemos nuestras necesidades afectivas en la pareja.

Estos matices son importantes, porque en charlas y libros sobre este tema tengo la sensación de que ahora se idealiza el estar solo, ser autónomo, hiperindependiente, pero es un mensaje incompleto. La soledad es un bien preciado para no proyectar nuestros vacíos en una relación, pero no es para nada incompatible con una relación. No mitifiquemos la soledad. Ni hiperdependientes, ni hiperindependientes. La soledad bien entendida se puede manifestar en la posibilidad de poder pasar noches a solas conmigo, o un fin de semana, y estar bien. Si estoy sola o, por la razón que sea, me tengo que quedar sola o viajar sin compañía, puedo hacerlo. Ahora bien, recuerda que no tiene por qué ser tu ideal de vida. Es muy lícito querer estar rodeada de gente. Tampoco tienes por qué obligarte a estar sola con el único objetivo de demostrarte que lo puedes hacer. Como siempre, el punto medio es necesario. Si no tengo plan, puedo quedarme sola. Pero si puedo elegir entre quedar con alguien o no hacerlo, elijo quedar con alguien porque me apetece más, y eso no es disfuncional. Si el plan no sale, pues puedo estar bien. No me obligo a estar sola porque tengo tendencia a querer estar en compañía y entonces tengo que trabajarme mucho. Naturalicemos este tipo de cosas. La soledad bien entendida es poder irte a comer sola a un restaurante porque encaja bien con tus horarios o que si quieres irte de vacaciones a un sitio y tus amigos no pueden ir, no dejes de hacerlo porque no tienes compañía. No es obligarte a hacer estas cosas.

LA CUEVA

Es una etapa en la que me retiro del mundo y de las relaciones de pareja para estar conmigo misma y reparar en mí aquellas cosas que me duelen y que necesito revisar. Es un período para reconciliarme conmigo misma, para disfrutar de mi propia compañía. Se caracteriza por la autorreflexión y el descanso emocional, necesarios para ponerme fuerte otra vez.

La cueva es la etapa que sigue al duelo. En el duelo hay una primera fase en donde tenemos que lidiar con el dolor de la pérdida y unas emociones muy intensas. El duelo puede tener una duración variable. Si dura mucho, es probable que se superponga con la etapa de la cueva. Y también nos podemos encontrar con personas que ya superaron su duelo y su correspondiente dolor, que alargan mucho, por no decir muchísimo, el período de cueva. Hay gente que se queda años ahí, aunque sientan que ya no quieren reparar nada.

Lo distintivo del período de la cueva es que es un momento de reparación. Siento una necesidad de aislarme para fortalecerme. Es un proceso necesario, pero muchas personas se lo saltan y pasan de una relación a otra sin hacer una pausa. Por supuesto que si después de una relación encuentras al hombre o a la mujer de tu vida, sáltate la cueva. Pero es un poco raro que haya una tendencia tan grande a hacerlo de manera sistemática. En mi opinión, esto refleja una intolerancia a estar en soledad y una necesidad constante de compañía. Por eso hablábamos en el apartado anterior de la preciada soledad como esa capacidad de estar bien conmigo misma, que me permitirá luego elegir bien. Un período de cueva es recomendable, entonces, para aprender de lo que hemos vivido y aplicar ese aprendizaje en las próximas relaciones.

Sin embargo, como decía hace un momento, hay cuevas que se hacen eternas. Esto me llevó a dictar un programa al que llamé «Salir de la cueva», porque veía a muchas personas, mujeres sobre todo, que se pasaban años en su propia cueva —un mundo que aparentemente funcionaba bien, con un vida acomodada, con unas relaciones sociales satisfactorias, con el curso de yoga y de cocina el fin de semana— porque al final, aun cuando la intensidad del dolor emocional había desaparecido, estaban aterradas de que las volvieran a herir. Es el drama del desarrollo personal: hay gente que cree que está disponible, pero no lo está.

En el período de cueva no estamos disponibles para los demás porque necesitamos volver a nosotras mismas. Si la cueva dura mucho o salimos de ella de forma intermitente, podemos llegar a creer que estamos disponibles, pero no es así.

Resumiendo: le doy tanta importancia a permitirse atravesar la etapa de la cueva como a salir de ella. De lo contrario, la cueva se transforma en una nueva zona de confort donde dejas de estar conectada a esa honestidad que te dice: «Nena, muévete y sal al mundo».

Cuando te acabas de separar —hablaré de esto en el capítulo correspondiente— la intensidad emocional es tanta que no es momento de hacer terapia. Lo que toca es sobrevivir al dolor, ocuparte de lo que te puedes ocupar. Hay gente que en este estado se exige mucho, cuando tal vez lo único que puede hacer es descansar, dormir, apenas ducharse, e intentar comer algo porque tiene el estómago cerrado. Una vez que pasa la intensidad emocional —las dos primeras semanas, aproximadamente—, empieza a aparecer este período de cueva, que puede durar de un mes a dos años (incluso más). Es un período que tiene sus matices. Tienes que acabar de hacer el duelo, hay cosas que reparar —y hay que hacerlo bien—. Profundizar en una terapia te permitirá aprender de lo que ha ocurrido y sanar, así, el corazón.

Es un período en el que pueden pasar muchas cosas: que la otra persona reaparezca, que vuelva a desaparecer; puede ser que te tengas que aislar emocional y sexualmente, ya que has vivido tanta intensidad emocional que buscas tranquilidad; puede que incluso necesites aislarte de tus amistades. Cada proceso es un mundo. En la cueva, sin terapia, es muy difícil profundizar, porque llega un punto, pasado un tiempo, en que dejas de sentir dolor y te adormeces. El tiempo, como he dicho en mi libro anterior, no lo cura todo: si no revisas lo que ha ocurrido, no puedes aprender. En síntesis, un período de cueva es necesario para reparar el dolor y para tomar conciencia de lo que podemos mejorar, de lo que hay que recolocar para las próximas relaciones. A veces esta etapa tiene una cierta extensión porque se precisa tiempo para poder vivirla con tranquilidad y aprender.

FASE DE EMPODERAMIENTO

Con esta fase llega el momento de tener un romance contigo misma. Se encuentra entre la cueva y el salir de la cueva y se puede superponer, en parte, con ellas. Una vez realizado mi aprendizaje y curadas mis heridas, después de haber hecho mi proceso de reparación, deseo empezar a brillar, a vibrar. Cuando alguien se está separando o está en un período de cueva, quiere tranquilidad, no es el momento de salir a bailar. Pero llega una etapa en la que de nuevo sientes deseos de conectar con la chispita de la vida. Te apuntas a un curso de sexualidad consciente, haces actividades más creativas, que te nutren, se reactivan *hobbies* que habías olvidado, etcétera. Sientes ganas de florecer, de conectarte con tu poder. Hay más disfrute y todas estas cosas no están relacionadas con conocer a alguien. Forman parte del proceso de cueva, pero de su final. Es una etapa de transición. No has salido de la cueva, pero ya no se trata de aprender a estar bien contigo misma, sino de enamorarte de ti misma. Muchas veces la gente se salta esta fase, pasa del duelo a apuntarse al Tinder. Durante el empoderamiento no solo aprendo, también disfruto de mi propia compañía. La vida que llevo, sin pareja, me entusiasma. En resumen, en la fase de empoderamiento me enamoro de la vida, de mí misma, me conecto con mi poder y siento que puedo volver a brillar.

SALIR DE LA CUEVA

Bueno, bueno, bueno: momentazo. Ya tienes ganas de salir al mundo, te notas empoderada, percibes en ti una fuerza interna que sale hacia adelante, pero también sientes miedo. Estar bien acompañada es fundamental. Si intentas salir de la cueva sin haber trabajado tus miedos, no estarás realmente disponible. Seguirás temiendo que te rechacen o que te abandonen. Es necesario que tengas una buena relación contigo misma, que te digas y sepas que —pase lo que pase— serás capaz de sostenerte y salir adelante. Es preciso estar dispuesta tanto a caerse como a acompañarse en el proceso de levantarse las veces que sean necesarias.

¿Cómo sé si el proceso de salir de la cueva no ha sido real? Porque sacas un pie al mundo y enseguida te frustras porque no te funciona; porque ni bien te ponen un límite o te hacen saber que eres un «no» para el otro, no das un paso hacia atrás, das veinticinco.

¿Cómo sé que no estoy disponible? Porque me cuento a mí misma que quiero salir de la cueva, pero aún tengo a mi ex en la cabeza; porque idealizo mucho las relaciones o, por ejemplo, soy muy exigente con el otro porque en el fondo sigo teniendo miedo a que me rechacen.

El período de salir de la cueva es maravilloso, pero hay que tener cuidado con el autoengaño, que por supuesto es inconsciente. Por eso recomiendo fervientemente que estés bien acompañada y que trabajes en profundidad tus miedos hasta que te sientas realmente disponible, abierta a la vida. De esta manera, no les vas a poner excusas a todas las posibilidades que surjan y estarás preparada para pasar a la siguiente etapa, que es la de prueba y error.

PRUEBA Y ERROR

Esta fase también podría formar parte del salir de la cueva, porque salir de la cueva implica cierta experimentación, pero merece un lugar aparte porque tiene características propias. Así como en la etapa anterior se mueve más una energía de trascender los miedos para poder salir de la cueva, en esta etapa pasamos a la acción. En la fase de la experimentación pueden pasar varias cosas. La más factible es que empieces a abrirte y a probar y recibas noes, *ghostings*, no correspondencia. La idea es tener la habilidad de entrar ahí y salir rápido, para no quedarte colgada durante dos años de alguien que, por ejemplo, te ha hecho *ghosting*. Por supuesto este tipo de experiencias pueden ser dolorosas, pero con buenas herramientas de desarrollo personal, cuando entras en esta fase de experimentación sabes que estás en una fase en donde tienes que sostenerte a ti misma y que habrá encuentros que no funcionarán. Es normal.

He observado que hay muchas personas que piensan que por el hecho de ya estar listas para volver a enamorarse, verán aparecer —*ipso facto*— a un otro que les corresponderá. Se trata de una creencia romántica e infantil, que es mucho más habitual de lo que una esperaría, y es, por supuesto, inconsciente. En el fondo, esperan que con solo mover su ficha, pasará algo que, además, funcionará. Y eso es estadísticamente poco probable. No quiero desilusionarte. La idea es que tomes conciencia de que probar y volver a probar es más efectivo que pretender que todo salga a la primera. Por eso es importante que hayamos hecho un trabajo personal y que estemos acompañadas, para que podamos transitar con facilidad y con poco trauma esta fase. ¿Qué otra cosa sucede de forma habitual? Que aparezca la figura del amante. ¿En qué contexto? Yo estoy experimentando y abriéndome. Hay cosas que tengo que seguir puliendo. Puede ser, por ejemplo, la tendencia a quedarme más de lo que correspondería en una relación que es un «no». Esta es una fase de mucho aprendizaje. De pronto, me topo con alguien que no es un «no» rotundo, pero me doy cuenta de que tampoco es un «sí» —porque me ha dicho, por ejemplo, que no quiere estar en pareja o porque ya intuyo que no somos muy compatibles—, pero a mí, que llevo tanto tiempo en la cueva, un poco de alegría en el cuerpo me sienta bien. Me apetece algo de chispa. Por lo que sea, siento esta necesidad, bien porque creo que he experimentado poco y tengo el deseo de hacerlo, bien porque quiero vivir lo que se me presenta. En esta fase y circunstancias, se precisa mucha claridad. Es crucial. Estamos al final del proceso que nos permitirá iniciar, si lo deseamos, una relación de pareja. Hay muchas personas que acceden a verse con alguien de vez en cuando, pero siguen utilizando los códigos de una relación de pareja. Esto genera mucha confusión y unos dolores de cabeza, de estómago y de corazón alucinantes. Tenemos que entender dónde nos estamos metiendo. Si realmente la otra persona no está disponible, no es una relación de pareja. Y si yo tengo claro que lo que quiero es experimentar, no puedo vivir ese tipo de contacto con los mismos códigos que uso cuando estoy en una relación de pareja. ¿Cómo bajamos esto a nivel práctico? Si tú tienes un amigo especial con el que te ves cada fin de semana, tal vez tu cuerpo entienda que es una relación de pareja. Quizá deberías espaciar los encuentros. Como todos los ejemplos, son generalistas, tú tienes que buscar lo que te funcione a ti. Tenemos que crear códigos para que podamos ser amantes: quizá le tengo que decir a la otra persona que nos veamos solo una vez al mes, porque una frecuencia mayor me llevaría a involucrarme de otra manera; quizá tengo que pedirle que no me mande mensajes de «buenos días» y «buenas noches», porque asocio ese comportamiento a las relaciones de pareja y me engancho. Quizá, aunque me muera de ganas de dormir con alguien, tengo que poner ese límite porque para mí dormir con esa persona —si tengo tendencia al apego ansioso— es algo que asocio a la pareja.

Es decir, si sientes la necesidad de experimentar porque estás en una fase de prueba y error, y esa experimentación tiene un carácter más sexual, tienes que crear muy buenos códigos. Un amante no es una pareja, y la mayor parte de las personas que sufren por amor lo hacen porque confunden estas dos formas, no mentalmente, pero sí en la práctica. De golpe, vuelven a la casilla de duelo por alguien que ni siquiera ha sido una pareja, pero a la que han vivido como tal. Por eso insisto en que es importante el acompañamiento terapéutico y tener claridad sobre qué territorio estás pisando.

QUINTA PARTE

INICIAR UNA RELACIÓN DE PAREJA

¿QUÉ QUIERES?

Es una pregunta clave que puede marcar la diferencia a la hora de tener una relación de pareja que te funcione o no. Partimos de la premisa de que es necesario tener claridad sobre lo que quiero en este momento de mi vida. No es una pregunta fácil ni se puede responder en un minuto. Es frecuente creer que queremos una cosa, pero si profundizamos, nos daremos cuenta de que no es cierto. A esto se suma que muchas veces queremos cosas por condicionamiento social, porque está bien visto, por ejemplo, tener una relación de pareja o tener un amante o estar sola.

Tener claridad sobre lo que quiero es fundamental para poder decir sí o no a las cosas y personas que van apareciendo en mi vida. Muchos problemas surgen, por ejemplo, porque yo quiero una relación de pareja y acabo enrollándome con alguien que me dice que no quiere una relación de ese tipo. Si no estoy arraigada en mi anhelo profundo, me voy a dejar arrastrar por el viento. Acabaré metiéndome en un sitio con alguien que no quiere lo mismo que yo. Y es imprescindible, en una relación, que las dos personas deseen lo mismo. Una persona que quiere una relación de pareja tiene que estar con otra que quiere lo mismo; de igual manera, si quiero un amante, tengo que estar con alguien que quiera un amante; si deseo experimentar, el otro debe querer experimentar también.

Es preciso que nos tomemos el tiempo que haga falta para preguntarnos qué es lo que queremos en este momento de nuestras vidas. Es bueno hacerse preguntas generales. Por ejemplo: ¿Cuál es mi tendencia? ¿Tiendo a querer estar en pareja? ¿Soy más afín a la monogamia o a la poligamia? Luego, mira en qué momento de tu vida estás. Aunque tengas tendencia a estar en pareja, si acabas de salir de una relación larga, tal vez necesites un tiempo para experimentar.

Es necesario no caer en la contradicción de querer, por un lado, tener pareja pero disfrutar, por otro, de los privilegios de no tenerla. Esto será una fuente de sufrimiento.

Resumiendo, pregúntate honestamente qué es lo que quieres, cuál es el formato que te funciona y qué necesitas ahora. Dedica el tiempo que haga falta: días, semanas, meses. Es importante.

DEJA DE BUSCAR UN HOMBRE, CREA AMISTAD

Este es un mensaje para todas aquellas personas que tienen tendencia a crear conexiones sexuales con alguien y que no se toman el tiempo para conocer al otro. Enseguida crean una relación de pareja, pero de pronto, al cabo de un tiempo, se preguntan: «¿Qué hago yo con esta persona?». Más adelante explicaremos detalladamente qué es un «sí». Por ahora y de forma sintética, lo que podemos decir es que hay algunas pocas personas que cuando se conocen saben que tienen que estar juntas. Todas quisiéramos estar dentro de este grupo, ser la excepción, pero lo cierto es que es algo que le sucede a unas pocas personas. Para poner un paralelismo, pensemos en el tema de la vocación. No todo el mundo tiene una, lo que sí tenemos todas las personas son dones y habilidades a desarrollar, que podemos descubrir o no. Sin embargo, lo que es una vocación clara como la de la niña de cuatro años que una mañana se levanta y pinta un cuadro, esa no todo el mundo la tiene.

Con relación al tema de la pareja, tenemos que hacer un proceso de aceptación de esta realidad. Hay personas que están hechas para encontrarse y hay personas que van a tener diferentes relaciones a lo largo de su vida porque esa será la manera de aprender. Lo veremos con detalle más adelante.

La mayoría de las personas tiene que hacer un viaje entre dos mundos: por un lado, el de saber distinguir lo que no es, para no meternos en relaciones que no funcionan y pueden acabar siendo muy tóxicas, por otro, el mundo en donde a través del discernimiento podremos vivir una relación más corta o más larga con alguien para experimentar algo. Es preciso tomarse un tiempo para conocer a la otra persona y saber si responde realmente a lo que nosotros queremos. Sufrimos en nuestras relaciones porque estamos con personas que son un «no» desde el principio, pero no lo queremos ver.

Si yo tuviese que definir cuál es el proceso para conocer a alguien e iniciar una relación de pareja, lo primero que diría es que tiene que haber un punto de conexión con esa persona que hace que te intereses por ella. Las famosas mariposas. No tiene que ser algo muy fuerte, pero el otro tiene que despertarte algo, tu cuerpo debe estar abierto a descubrir a esa persona. Entonces viene la fase de conocer al otro, de poner nuestra inteligencia en discernir si es una persona que congenia con nosotros, si hay *match*: valores compartidos, cosas en común, anhelos. El viaje de la pareja tiene mucho que ver con la amistad y con la semejanza. Esto es importante porque, cuando venga el enamoramiento —esa etapa de tanta química y en la que nuestro discernimiento se nubla— si no hemos elegido bien, una vez que el enamoramiento pase, nos daremos cuenta de que la hemos liado: o no quedará nada o quedará crispación. La última etapa, posterior al enamoramiento, es el viaje de pareja, el amor.

Resumiendo, en las primeras dos fases tiene que haber un puntito de química y un puntito de cabeza. Hay que saber tomarse tiempo para crear amistad y conocerse.

¿CÓMO DIFERENCIAR EL APEGO DEL ENAMORAMIENTO?

Tenemos muchos prejuicios con la palabra *apego*, que es algo fundamental para generar un vínculo. Lo podemos observar en los bebés. En la tercera parte de este libro vimos que un buen vínculo de apego con la madre genera un apego seguro en la edad adulta y nos permite tener intimidad con otra persona. El apego es necesario para establecer relaciones sanas. Cuando me apego y no hay correspondencia, me vuelvo dependiente. Es a esto a lo que hay que prestar atención. El único momento en que tengo que revisar el tema del apego es cuando me engancho con una persona que no me hace caso o cuando la relación no está fluyendo y quedo pendiente de la otra persona. Pero mientras haya correspondencia, el tipo de apego corresponderá al tipo de personalidad de cada individuo, es decir, hay personas más apegadas que otras, pero eso no es dañino siempre que haya correspondencia. Cada pareja tiene su fórmula: las hay que comparten muchísimo tiempo juntos y les funciona; las hay que son más independientes y necesitan su espacio; hay personas que trabajan juntas y eso no representa un problema, y personas que no. Esto no significa que seas dependiente,

123

significa que tu tipo de apego tiene ciertas características. Insisto, mientras haya correspondencia, es sano.

Cuando aparece el enamoramiento, una etapa totalmente química en donde se nubla tu sentido común, por decirlo de alguna forma, por supuesto que tu nivel de apego aumenta. En las mujeres, por ejemplo, se incrementa la presencia de la testosterona, que potencia el deseo sexual. Hay una necesidad de mayor contacto físico. En el caso de los hombres, la testosterona baja, pero se despierta más la parte emocional. Cuando pasa el enamoramiento, cada uno vuelve a su naturaleza energética y química, y comienza una etapa nueva, con otros desafíos —llevarnos bien, negociar—. Mientras tanto, vivamos la fusión, que de eso se trata.

NO SABOTEES LA RELACIÓN
ANTES DE QUE EMPIECE

Hay personas expertas en lanzar por los aires algo que promete. ¿La razón? Los miedos. Siempre es por los miedos. Hazte un favor. Trabaja bien tu herida de abandono, tu herida de rechazo, todas aquellas cosas de tu pasado que no están resueltas y que te han marcado en exceso. Cuando inicias una relación con alguien, mi consejo es que estés bien acompañada por una persona competente, para que te ayude a detectar tus puntos ciegos y no te contamines de un diálogo interno que te lleve a creer que es intuición lo que en realidad es miedo. Recuerda que estar disponible se siente como una apertura del cuerpo, de la mente y del alma.

NO EMPIECES UNA RELACIÓN
SI VES QUE...

Si no hay correspondencia, si hay *ghosting*, si no queréis lo mismo, si hay solo *philia* o solo *eros*, si te critica, si no respeta lo que acordáis, no empieces una relación. Si observas este tipo de comportamientos y sigues adelante, acabarás en una relación tóxica. Como dije antes, cuando estás en la fase de conocer a alguien, tiene que haber un punto de química y un punto de cabeza que te permita darte cuenta de estas cosas y saber cuándo no es de sentido común quedarte ahí. Si persistes de todos modos, te puedes acabar enamorando, pero ya estás en un bucle y es peligroso, porque la química no juega a tu favor.

ME GUSTA QUIEN NO ME HACE CASO
Y QUIEN ME HACE CASO NO ME GUSTA

Típico. Lamentablemente tengo que decirte que esto es un signo de inmadurez, potenciada por la sociedad del bienestar en la que vivimos. Se fomenta el deseo de lo que no tenemos. Así, desperdiciamos nuestro tiempo persiguiendo zanahorias, porque creemos que lo de afuera siempre es mejor que lo que tenemos. En todo caso, fijarse en una persona no disponible no es algo por lo que nos tengamos que felicitar, ni un comportamiento que tengamos que potenciar. Si alguien no está por mí es un «no». Punto.

Nuestro ego considera que si una persona a la que no le gusto o que no está disponible acaba interesándose por mí, eso significa que yo soy valiosa. Esto es lo que, inconscientemente, hay detrás de esta dinámica. Lo que nos da valor es la mirada del otro: se trata de un juego del ego. No te juzgues, pero presta atención: ya basta de que nos gusten los chicos malos o gamberros, no es sexy el chico malo ni la persona que no está disponible ni la fantasía de que algún día le gustaré. Hay que elegir bien.

SEXTA PARTE

EL VIAJE DE ESTAR EN PAREJA

¿ESTÁS ENAMORADA?

Esta es una pregunta trampa. Desafortunadamente, la hemos normalizado en nuestro lenguaje. El amor empieza cuando el enamoramiento termina. Por eso, en una relación de pareja que se ha asentado, no me parece una pregunta adecuada. Si estás en el inicio de una relación, sí es coherente hacérsela, y responderla. Pero ¿después de cinco o diez años? La pregunta, en este caso, debería ser: ¿amas a tu pareja?, ¿estáis bien? Preguntarle a una persona si está enamorada después de cierto tiempo es decirle, indirectamente, que debería estar en ese estado químico en el que estaba al principio de la relación, y eso no es posible. Esta pregunta actúa como una presión inconsciente. Muchas personas entran en crisis o se replantean relaciones porque consideran que después de cinco o diez años no tienen el mismo sexo que al principio ni sienten la chispa del primer día, y creen que deberían tenerla. Pero esto no es así. Es importante cambiar el lenguaje y normalizar las buenas preguntas cuando hablamos con nosotras mismas o con nuestra gente, de otra manera nos convertimos en cómplices de un engaño, naturalizamos una concepción errónea del amor en pareja.

¿QUÉ ES UNA RELACIÓN DE PAREJA?

Parece una pregunta absurda, pero vale la pena hacérsela, porque existe mucha confusión. Lo primero que hay que decir es que una relación de pareja no lo es todo. Yo soy el centro de mi vida, y esto no tiene nada que ver con el egoísmo, sino con la constatación de que yo soy la protagonista de mi existencia desde el primer hasta el último aliento. Siempre voy a estar conmigo misma, me habite conscientemente o no. Siempre estoy viviendo mi propio viaje, me dé o no cuenta de ello. La primera relación de pareja que debes tener es contigo misma. Debes ser para ti tu mejor amiga, tu mejor compañera, tu más preciado amor, y tener el compromiso indeclinable de no abandonar tu vida —amistades, trabajo, ocupaciones, hobbies, intereses— cuando conoces a alguien. Lo hemos mencionado en el capítulo anterior: primero hay que ocuparse de una misma, de tener una vida satisfactoria, que te guste. Esto impedirá que pierdas tu centro, que te pierdas a ti misma y a tu mundo cuando inicies una relación.

¿Qué es una pareja? Alguien con quien compartes el viaje de la vida, un compañero. El concepto de «ser un equipo» es un buen recurso para imaginar una pareja, porque conlleva la idea de sumar. Dice el refrán africano: «Si quieres llegar rápido, ve solo, si quieres llegar lejos, ve acompañado». Estar solo está bien, pero estar acompañado está muy bien.

Las bases para que una relación de pareja funcione son cuatro: correspondencia, interés, un equilibrio entre el dar y el recibir y coherencia entre lo que se dice y lo que se hace. Debe haber *philia* y *eros*, semejanza y complementariedad, proyectos en común y apoyo recíproco a los proyectos personales de cada uno. Una relación de pareja es horizontal, es decir, se da entre iguales.

Puede funcionar bien y de manera fluida desde el principio, y durar toda la vida... o no. La razón por la que una relación que comienza bien se tuerce al cabo de cierto tiempo es que nos encuentra en momentos personales distintos y evoluciones diferentes. Una pareja puede ir mal desde el comienzo y volverse muy tóxica porque elegimos mal, desde la carencia, porque la persona no nos gusta, porque no sabemos escuchar las señales, porque prevalece nuestra herida de abandono y acabamos deseando una relación tormentosa. Hay muchas opciones. Insisto en algo que hemos mencionado anteriormente: la clave de una relación exitosa es el haber elegido bien desde el inicio, haber elegido a alguien que es un «sí» para ti. ¿Y cómo lo sabes? Porque las cosas fluyen, son fáciles, funcionan naturalmente, no hay dudas, no lo pasas por la cabeza, ni te lo planteas. Seguro que en otros aspectos de tu vida has tenido esta experiencia. Con la pareja es igual. Solo que la reiteración de relaciones tóxicas que generan una huella o memoria de alerta en nuestro sistema nervioso acaban por convencernos de que, si no hay drama, si no hay intensidad o no hay conflicto, no hay conexión. El cerebro, a fuerza de repetición, hace estas asociaciones. Por eso vamos perdiendo la capacidad de discernir entre lo que es sano y lo que no lo es. Carecemos de referencias. Lo natural y saludable es que haya paz, tranquilidad, confianza. Es una conexión desde otro lugar, sin alertas, sin sobresaltos. Debemos aprender a valorar lo sano. La historia de una relación está en semilla en el inicio. Por eso es una etapa tan importante. En general, la gente recurre al terapeuta cuando está en la fase del duelo, cuando la relación ha terminado. Y es normal. Pero si recurriésemos al terapeuta cuando conocemos a alguien, nos ahorraríamos mucho sufrimiento. ¿Estamos preparados para iniciar una relación de pareja? ¿Estamos verdaderamente disponibles? ¿Tenemos miedos? ¿Qué es lo que queremos? Pedir ayuda al comienzo es fundamental, pues es precisamente entonces donde nacen todos los desequilibrios. Reducir el ruido mental para poder saber si la otra persona es un «sí» o un «no» es fundamental, por eso el trabajo que hagamos sobre nosotras mismas puede ser decisivo.

Resulta paradójico que exista una imagen idealizada de los comienzos de las relaciones. Para muchas personas, es una tortura. La mejor estrategia durante esta etapa es mostrarnos como somos de verdad, no dejar para después el conversar sobre nuestros anhelos, sobre lo que deseamos. Esto nos permitirá saber si hay compatibilidad, coherencia. Resumiendo: tomemos consciencia de la importancia de los inicios de una relación de pareja. No esperemos a estar mal.

Escaneando este código QR podrás acceder a la conferencia «Iniciar una relación de pareja».

137

¿QUÉ PUEDO ESPERAR DE MI PAREJA?

Puedo esperar que me apoye, pero sin acabar dependiendo de ello. Soy yo quien debo apoyarme en primer lugar, quien debo hacerme las preguntas y verificar las cosas por mí misma. Con el otro puedo contrastar opiniones, recibir un punto de vista distinto o nuevo sobre cosas que a lo mejor me es difícil ver. Puedo esperar que mi pareja me escuche. Lo que no puedo esperar es que llene mis vacíos, que me entretenga constantemente, que me solucione las cosas, que sea mi apoyo emocional las veinticuatro horas del día los siete días de la semana, que me diga a todo que sí o que esté de acuerdo con todas mis opiniones y puntos de vista. Sobre todo, no puedo esperar que se convierta en mi todo, que me llene.

Yo soy el sostén de mi propia vida. No importa que tengamos la mejor pareja del mundo, si yo no hago mi trabajo, nunca va a ser suficiente. Lo podemos verificar cuando en una relación de pareja uno de los miembros del equipo está pasando un mal momento. Es muy posible que sienta que su pareja no le llena, pero esto no tiene que ver con la otra persona. Si estoy mal, si no me quiero, el amor, la vida, no me penetra. Resulta muy difícil, en esta situación, recibir el amor del otro. Y lo inverso es igualmente verificable: cuando me quiero, me siento apoyada por todo el mundo; incluso la gente que me critica no tiene tanto peso para mí. Esto nos sirve para desmitificar que si yo tengo una buena pareja voy a ser feliz. La pareja no me puede hacer feliz porque ese es mi trabajo.

¿HAY QUE ACEPTAR A NUESTRA PAREJA TAL Y COMO ES?

Sí y no. Si tenemos una relación sana, en donde hay correspondencia y una base sólida, por supuesto que sí. Una de las claves para que una relación funcione es no intentar cambiar a la otra persona, aceptarla tal y como es, no pelearte con la imagen de la pareja ideal que tú tienes en tu cabeza, mirar lo que tienes delante y decirle que sí.

Ahora bien, el discurso de aceptar al otro tal como es se usa muchas veces en relaciones disfuncionales, en donde no hay una relación sana, por los motivos que sea. En este contexto, no debo aceptar de mi pareja cualquier cosa. Llevando las cosas a un extremo, si mi pareja me da un bofetón, ¿debo aceptarlo o darme cuenta de que estoy en un lugar que no es sano? El gran problema es que no sabemos la diferencia entre lo que es sano y lo que no lo es. En una relación disfuncional, cuando nos topamos con líneas rojas, debemos poner límites. Esta es una diferenciación importantísima que muchas personas pasan por alto. En mi experiencia, es donde más confusión existe.

Hay personas que se preguntan, por ejemplo, si tienen que aceptar, cuando les hacen un *ghosting*, que la otra persona es más independiente; o que se dicen a sí mismas, frente a las apariciones y desapariciones del otro, que quizá debería aceptar que está en un momento de mucho trabajo, que no le puede dedicar tiempo. Esto es una línea roja, un «no». Profundicemos, entonces, en lo que es sano y lo que no lo es, para ver cuándo hay que poner límites y cuándo hay que aceptar.

¿ADAPTABLE O DEPENDIENTE?

Otras de las grandes dudas que surgen cuando estamos con alguien es si somos adaptables o dependientes. Recordemos que el apego es necesario. Solo se convierte en insano cuando no hay correspondencia.

En una relación de pareja, como en una partida de *ping-pong*, un toque sigue al otro: debemos ser adaptables, porque hay que negociar constantemente. El problema tiene lugar cuando solo un miembro del equipo es adaptable. Esta es la primera señal que marca la diferencia entre adaptación y dependencia. Cuando solo uno es adaptable, hay algo que hace ruido. En sí misma, la adaptabilidad es una buena cualidad en las relaciones de pareja, porque es imposible estar de acuerdo en todo, todo el tiempo, con la otra persona. Por eso necesitaremos capacidad para fluir con las cosas cotidianas que nos vayan pasando, pero tiene que haber un equilibrio entre los dos.

Otro barómetro para saber si hay dependencia o adaptabilidad es si recurro a mi propia validación. Es importante que todo aquello que yo delego en el otro, como preguntas, acciones, propuestas, lo pase antes por mí misma. Eso no significa que no esté abierta a cambiar de opinión, algo que es sano también.

El tercer barómetro es el cuerpo. Para saber si soy adaptable o dependiente, puedo observar si mi cuerpo está abierto o cerrado. Cuando empiezo a tener miedo de que, si no me adapto a lo que el otro quiere, este se enfadará, me rechazará o me abandonará, hay dependencia. Si el otro me hace una propuesta o me da una opinión y sigo sintiendo que mi cuerpo está abierto y que me suma, eso es adaptabilidad.

DEPENDENCIA EMOCIONAL

La dependencia emocional es droga dura. Está basada en el miedo. Cuando tengo miedo de que la otra persona me deje, me rechace, se olvide de mí, no me elija, de no ser importante para el otro, acabo desconectándome de mis necesidades, de lo que yo quiero, de lo que no quiero, en definitiva, de mí. Dejo de comunicar, de pedir, de ser quien soy. Acabo cediendo a todo o a casi todo para mantener a la otra persona a mi lado. Por eso es como una droga. Nos convertimos en *yonkis* del amor. Haríamos todo lo que estuviese a nuestro alcance para que el otro no se fuera.

La dependencia emocional comporta muchísimo sufrimiento porque pierdes la conexión contigo misma y con la sensación de ser tú. Vives con un miedo constante de que la relación se termine. Estás pendiente del otro de manera casi obsesiva. Sufres porque, te ofrezca lo que te ofrezca, nunca te vas a sentir segura a nivel afectivo. Las personas con dependencia emocional controlan los movimientos del otro; intentan crear, a través del control, una sensación de seguridad y tranquilidad que es, por supuesto, falsa.

Las cosas que te atan al otro y no te permiten salir de la dependencia emocional tienen que ver siempre con idealizaciones, con las ideas románticas de «la última oportunidad» o del «amor que dura toda la vida», con pensar en el pasado o en el futuro.

Aunque hay muchas cosas que no te gustan de la otra persona, la idealizas. No quieres que se vaya. Toleras lo que no te agrada y complaces al otro, pero eso no te hace sentir bien. Hay una ambivalencia entre el «te necesito» y «para mí eres mi todo» y una sensación de estar en guerra con esto. Idealizar consiste en poner todo mi valor en el otro. Mi valor está en que tú me elijas. Me coloco por debajo en la relación.

El romanticismo, con sus ideales de cómo debería ser una relación de pareja, también nos ata al otro. Nos quedamos en sitios para vivir esos ideales románticos en vez de estar con alguien porque nos gusta. Nos quedamos atados a la idea de que la otra persona, en algún momento, me va a acabar dando lo que yo busco. Es un círculo vicioso: crees que cuanto más esperas, más cerca estás de que se concrete esa posibilidad. Hay un coste muy elevado de tiempo, de ilusiones, de esperanza que no quieres perder. Prefieres aferrarte a la posibilidad de que el milagro ocurra en vez de romper —algo que se vive como un fracaso—, por eso te vas quedando, y entras en un *loop*. También te puedes quedar enganchado en una relación porque crees, inconscientemente, que el amor dura para toda la vida y que una relación es para siempre. Es difícil renunciar a estas ilusiones de las que te alimentas. Cuando tu mente está puesta en que «necesitas que dure para siempre», estás en el futuro, no en el momento presente.

Las personas con apego ansioso se identificarán mucho en este punto, porque el apego ansioso y la dependencia emocional van de la mano. Pero ¿es la dependencia emocional un mal para siempre? La respuesta es que no, que se puede trabajar. Y recuerda que, si eres una persona con apego ansioso y te relacionas con un apego seguro contribuirás a mejorar tu salud emocional y a lograr que se desactive esa dependencia.

Te invito a que escanees este código QR para ampliar lo que has leído con una conferencia que dicté sobre cómo poner fin a la dependencia emocional.

RELACIONES TÓXICAS

Son relaciones disfuncionales, abusivas, en las que no hay buen trato. Son lo opuesto a los vínculos en donde hay responsabilidad afectiva, un concepto en el que profundizaremos al finalizar este capítulo. Las relaciones tóxicas no se limitan al ámbito de la pareja, también pueden darse en el trabajo o en la familia.

Antes de avanzar, y ya que hablamos de responsabilidad afectiva, me gustaría hacer una aclaración: no hay personas tóxicas, hay dinámicas tóxicas. Tendemos a culpabilizar al otro etiquetándolo de tóxico, y no nos damos cuenta de que nosotras también podemos tener actitudes o comportamientos tóxicos. ¿Cuándo? Cada vez que no nos hacemos responsables de nuestras emociones, pensamientos y creencias, cada vez que le pedimos al otro que nos haga felices, que nos dé lo que nos hace falta.

Tener relaciones tóxicas es la consecuencia de estar con una persona que no es adecuada para nosotras. Estamos con alguien con quien no encajamos. Puede ocurrir de dos maneras. La primera, estás con una persona que desde el inicio es un «no» y que de entrada tiene comportamientos que muestran su falta de madurez emocional. La dinámica se vuelve tóxica: entran a jugar los celos, las conductas obsesivas o narcisistas, etcétera. La otra cosa que puede suceder es que las dos personas tengáis una cierta salud emocional, pero que entre vosotros seáis un «no». La relación se volverá tóxica, porque no estáis hechos para estar juntos.

Entrar en una relación tóxica significa no tener claridad sobre lo que es bueno o no para mí. Esta es la gran clave. Nos quedamos en un lugar del que debiéramos salir porque nos autoengañamos: nos decimos que tal vez el otro esté pasando por un mal momento, que hay que tener paciencia, que hay que ser tolerante, que con el tiempo el otro puede darse cuenta de sus actitudes; albergamos esperanzas ocultas de que la otra persona cambie. Queremos hacer que un gato ladre. ¿Qué creo para quedarme en una relación que me hace daño? Me cuento a mí misma que las parejas discuten, que no hay nada que funcione realmente bien, que hay que trabajar mucho y esforzarse, que soy yo la que tiene que cambiar, ser más comprensiva, etcétera. Normalizo conductas que en realidad no me gustan. Dejo de ser consciente de lo que está sucediendo en verdad.

Y lo que realmente ocurre es que faltan las bases: correspondencia, respeto, coherencia, interés. Las relaciones son pactos. Tenemos que dejarnos de romanticismos y negociar. Es preciso conocerse, hablar, compartir códigos, valores. Tenemos que escuchar las señales. Que una persona sea un «no» para nosotras no significa que sea una mala persona, solo significa que no es para nosotras, y —¡despertemos!— la mayoría de las personas son un «no» para nosotras.

En las relaciones tóxicas se crean hábitos o comportamientos relacionales nocivos. No nos ponemos de acuerdo, discutimos constantemente; uno de los miembros de la pareja se pone muy demandante y exigente; entran en escena los celos, la posesividad, la territorialidad. Se respira el miedo constante de perder al otro, se ejerce un control permanente sobre la otra persona. Estos desequilibrios acaban mal. Cuando la relación se enturbia y se vuelve disfuncional, puede terminar en maltrato, que son palabras mayores.

Te daré algunos ejemplos más de conductas tóxicas: hay luchas de poder en la relación si existe la constante sensación de que esta pende de un hilo; hay manipulación a través de los reproches y la culpa; no hay diálogo, sino discusiones constantes; la otra persona, pudiéndote evitar un dolor, no lo hace; hay humillaciones, mentiras, agresiones verbales o físicas —un empujón, un golpe—; o violencia sexual (por ejemplo, si tu pareja se quita el condón mientras tenéis sexo). Pueden ser cosas puntuales o sostenidas en el tiempo. Es un mal-trato y un maltrato también.

En una relación tóxica, no te atreves a ser tú misma ni a decir lo que piensas o a compartir lo que sientes. Recibes críticas constantes sobre cómo eres, qué piensas, cómo actúas y hasta cómo te vistes. La otra persona no te acepta y te lo hace saber de una manera poco amable. Tu pareja te trata mal, te engaña, pero tú no eres capaz de dejarla. Te culpabiliza por las cosas que le suceden, te hace responsable de su vida. Por condicionamiento social, callamos y obedecemos, callamos y complacemos. Esto nos hace sentir mal, porque nos anula. Y, o bien te quedas ahí, sufriendo, o te rebelas.

Cuando te rebelas, te sientes muy culpable. Son cosas que van de la mano. La culpa se origina en haber tenido la intuición de que algo no iba bien, pero no haberte escuchado ni haber puesto límites. Al mismo tiempo, tanto la rebeldía como las emociones que la acompañan nos sirven porque nos dan el impulso que necesitamos para salir de la relación. Cuando se produce esta dinámica, sientes muchas emociones. Por un lado, vas a tener que hacerte responsable de no haberte escuchado y, por otro, también te tendrás que responsabilizar por la forma en la que saliste de la relación, que te hace sentir culpable. El gran clic se produce cuando nos damos cuenta de que la otra persona es un «no». Cuando las bases no están, no hay nada que negociar, no hay que aceptar al otro, no hay que profesarle amor incondicional. La relación no funciona y hay que cortarla. Lamentablemente, relaciones de este tipo no son «salvables». Hasta cierto grado de dependencia emocional, existe la posibilidad de hacer un trabajo interno que permita que la relación continúe. Pero en el caso de las relaciones tóxicas, estamos hablando de dinámicas que no son sanas y de relaciones que no tienen una base que las sostenga.

Si quieres profundizar en este tema, te recomiendo que escanees este código QR para acceder a una conferencia que dicté sobre relaciones tóxicas.

LA BIOLOGÍA DEL MALTRATO

Si a la dependencia emocional le sumamos una dinámica tóxica, podemos llegar a situaciones de maltrato verbal, físico y sexual. He visto muchísimos casos a lo largo de mi vida y he observado que la raíz común es la falta de educación emocional, la ausencia de discernimiento entre lo que es sano y lo que no lo es y la progresiva desconexión con una misma. La persona entra en una vorágine de la que, en verdad, no puede salir.

Pensamos que la dependencia emocional, las relaciones tóxicas y el maltrato son cosas que les suceden a otras personas, a los débiles, pero no hay nada más lejos de la realidad. En capítulos anteriores, cuando abordamos el patriarcado y sus efectos, hicimos referencia a aquellas mujeres fuertes y potentes en el terreno profesional pero que caen con gran frecuencia en este tipo de relaciones, por las luchas de poder que se generan, combinadas con cierta complacencia aprendida culturalmente. Desmitifiquemos el preconcepto de que las víctimas del maltrato son determinado tipo de personas. Todas podemos tener este tipo de experiencias. No hay perfiles más susceptibles que otros. Hay que trabajar para erradicar el maltrato en sus formas más extremas y en sus versiones más sutiles. En España, en 2021, 43 mujeres fueron víctimas de femicidio. En Argentina, esta cifra asciende a más de 220 en el mismo período. En tanto que en México son 1.004 los femicidios registrados durante ese año. Estamos frente a una lacra social muy extendida. No deberíamos mirar el tema desde lejos. Vamos entrando de a poco y de manera inconsciente en este tipo de dinámicas. No es algo tan evidente. Todas somos susceptibles de entrar sin darnos cuenta en dinámicas inconscientes que conducen al maltrato y a la muerte.

Detengámonos ahora un momento en quien ejerce el maltrato. Nunca te dirá que es un maltratador. No se ve a sí mismo de esa manera. De hecho, las personas que tienen estos comportamientos suelen ser muy sobreprotectoras y paternalistas. Se justifican a sí mismos diciendo que es «por tu propio bien», pero sus comportamientos son intolerables, brutales. El maltratador ejerce el control. La otra persona está prisionera, tiene miedo de dejar esa relación porque en su dinámica de pareja hay una herida emocional.

Repasemos las cuatro características típicas de una relación de maltrato. En primer lugar, el aislamiento. La persona que te maltrata quiere aislarte de todos aquellos que puedan pensar diferente y amenazar su posición dominante. Quiere ser el punto de referencia exclusivo para ti, para que no tengas criterio propio, sino que obedezcas y complazcas. En su mente aparecen frases como estas: «Si tú te portas bien, si me complaces, si no me das problemas, yo voy a estar bien», «Necesito controlarte para estar tranquilo, porque tú eres la fuente de mi perturbación». El aislamiento es la única forma de ejercer este tipo de control. La víctima del maltrato es una persona que se suele aislar de los amigos, de la familia, y con el tiempo, del trabajo. Su pareja quiere tenerla en casa a su disposición las veinticuatro horas del día, los siete días de la semana. No quiere que haya ningún tipo de estímulos externos. En algunos casos se llega a este extremo, en otros no, pero el intento de aislar al otro aparece seguro.

Asociada al aislamiento, la segunda característica es el paternalismo, que marca un tipo de relación vertical, asimétrica, en donde una persona hace las veces de salvador, de protector, y la otra de persona indefensa y sin recursos que necesita ser salvada. La persona víctima del maltrato cree que no se puede dar a sí misma lo que necesita: seguridad, dinero, soluciones a los distintos problemas de la vida, etcétera.

La tercera característica del maltrato es que produce una intoxicación de cortisol. La estrategia es controlar a través del miedo, de las amenazas. «Si te vistes así, te van a acosar»; «Vete con cuidado con esto...». Se somete al otro a un estado constante de alerta. Debes tener cuidado, porque tu pareja se puede enfadar por cualquier cosa, y discutiréis. De vez en cuando se puede soportar una bronca, lo que resulta difícilmente soportable es vivir en alerta permanente. Tu capacidad de reflexión disminuye, porque la hormona del cortisol —está comprobado científicamente— inhibe el raciocinio. Cuando estás en un estado de estrés constante no tienes capacidad de discernimiento, y esa es la gran clave para entender por qué en una relación de maltrato de nada valen tu intelecto o tus conocimientos. Estás en una situación de gran vulnerabilidad. Te vuelves muy manipulable. Y lo que vale para las personas, vale para la sociedad en su conjunto: no hay forma de control social más eficaz que el miedo.

La cuarta y última característica del maltrato es hacer descender los niveles de oxitocina de la otra persona. ¿Cómo? Quitándole todo aquello que le da placer y bienestar, por ejemplo, quedar con las amigas, los *hobbies* o cualquier otra cosa que dé placer. Tenemos, por un lado, una intoxicación de cortisol y, por el otro, cero oxitocina: eres una persona cien por cien manipulable. Te quedas sin momentos de gozo. La persona que ejerce el maltrato tiene mucho miedo de que el otro disfrute más con alguna otra cosa o persona que de estar con ella, por eso acaba inhibiendo toda fuente de disfrute.

COMPORTAMIENTOS QUE PUEDEN DAÑAR LA RELACIÓN

- Idealizar al otro.
- No poner límites desde el principio.
- No dedicar tiempo de calidad a la otra persona.
- Decir medias verdades o mentir.
- Ocultar información por miedo.
- No responsabilizarse de las propias emociones.
- Expresar constantemente el propio estado emocional con la intención oculta de que el otro te salve.
- Culpar, reprochar, exigir.
- No cumplir los pactos acordados.
- Vigilar.
- Temer la traición e intentar controlar al otro para que no ocurra aquello que tememos.
- Mirar el móvil del otro, chequear sus redes con la intención de controlar.
- No apoyar los proyectos personales de la otra persona.
- No fomentar la amistad, sino la rivalidad, la competencia.
- Armar un escándalo cuando no estás de acuerdo con la opinión del otro.
- Dejar de quedar con amigos o amigas por miedo a perder a la otra persona.

LOS CELOS

Trataré de abordar este tema con una cierta profundidad, para huir de expresiones como «los celos son tóxicos y no hay que permitirlos nunca». Veremos en detalle qué son, sus causas, las diferentes formas de vivirlos y lo que significan. Intentaré poner la mirada en los detalles que solemos pasar por alto. Lo primero que hay que tener claro es que los celos implican una relación triangular: yo, mi pareja y la otra persona. Esa otra persona puede ser un ex, una amiga, la madre, un compañero de trabajo, un trabajo. Mi foco de proyección puede estar en mi pareja o en esas otras personas que formen parte del triángulo. El gran dilema con los celos es saber si hay hechos reales y concretos que los justifiquen o si veo fantasmas en donde no los hay. Vamos a verlo poco a poco.

Podemos sentir celos sin una base real, motivados por mis heridas, por mis miedos e inseguridades, por mi historia, o celos porque el otro es infiel y tengo motivos reales para sentirlos. Es por esto que, de manera recurrente, siempre aparece la misma pregunta: ¿Cada vez que tengo celos estoy lidiando con un infiel? Exploremos las causas de los celos.

– Puedes tener celos porque sientes que tu pareja no está emocionalmente disponible, porque no te dedica tiempo de calidad, no te mima, no te cuida. Esto activa la alerta de que te puede dejar por otra persona o de que te puede abandonar. En el fondo, sabes que la otra persona no te es infiel. El cerebro proyecta este temor en formato de triángulo, pero lo que verdaderamente sucede es que sientes que tu pareja no está por ti y tienes necesidad de demostraciones de afecto. Aquí puede haber un problema de autoestima o puede estar sucediendo que la otra persona tenga puesto el foco en otra parte y que estés necesitando que te preste más atención. Esto se soluciona expresándole al otro tus necesidades. Si por el motivo que sea no te puede dar lo que le pides, puedes ver de dártelo a ti misma. Lo que hay que saber es cuándo es un tema mío y tengo que hacerme responsable de lo que estoy pidiendo, y cuándo es un tema de la otra persona y podemos hablarlo para encauzar la relación.

– También puedo sentir celos por la conexión que mi pareja tiene con otra persona, que es otra forma de no disponibilidad emocional. Mi pareja está tejiendo una conexión con alguien más y no me siento priorizada. No es un tema sexual, sino de intimidad. En este tipo de celos que tienen que ver con sentirme excluida de la ecuación, recomiendo probar incluirme en ella. Te vas a sorprender, porque la mayoría de las veces solo con esto resolvemos la movida emocional de «necesito formar parte de».

– Existen, por supuesto, los típicos celos patológicos. Tienen que ver con mi historia, con mi pasado. Tal vez he tenido parejas que con anterioridad me han sido infieles. O me he sentido no elegida en el pasado. Tengo tendencia a los celos porque soy una persona insegura, que se compara con otras mujeres, no me gusta mi cuerpo, mi autoestima es baja. Todos estos ingredientes pueden dar lugar a los celos patológicos. Una forma de darse cuenta de esto es que siempre te pasa lo mismo. Está claro que es algo tuyo y que tienes que hacer un trabajo profundo con un terapeuta para ir al fondo de tus miedos e inseguridades.

– Luego tenemos los celos que tienen un fundamento real. Existen pruebas concretas: mensajes privados muy afectuosos con otras personas, con un código no habitual; ocultamiento de información; engaños; mentiras. Aquí sí «pongan sus alarmas en marcha».

– Los celos también pueden ser una estrategia para que tu pareja, que en el fondo no te gusta, te resulte deseable. Sí, sí, como lo oyes. Necesitas que alguien más guste de tu pareja para que tú la encuentres atractiva. Es rebuscado, pero pasa: necesito que mi relación esté en peligro para que el otro me guste. Ocurre en ese tipo de relaciones en las que, aunque no me atrevo a confesármelo, no me atrae mi pareja.

Se puede recurrir a los celos de forma inconsciente para justificar mi deseo de que mi pareja se vaya con otra persona, porque lo que de verdad anhelo es estar sola o porque me doy cuenta de que la relación no funciona y necesito encontrar una excusa para romper. Me encantaría descubrir que el otro me es infiel, aunque me haga sufrir, para dejarlo.

– También existen unos celos que son una proyección de nuestro deseo de ser infieles. Sucede como con la envidia:

cuando envidiamos a alguien es porque nos gustaría ser o tener lo que la otra persona es o tiene. Este tipo de celos tienen lugar porque no me permito ser infiel y explorar mi sexualidad, y me da mucha rabia y tengo muchísimo miedo de que la otra persona manifieste ese deseo inconsciente que yo tengo. Parece retorcido, y tal vez no sea tan habitual, pero puede suceder. Hay personas que critican esta posibilidad en su pareja porque tienen pendiente explorar esto por ellas mismas. No admiten que lo desean.

– Y están los celos y la venganza. Cuando estoy tan obsesionada con la traición, he visto tantas veces en mi cabeza que mi pareja me engaña con otra persona, y lo he vivido de una manera tan real, al final termino cayendo, por venganza, en la infidelidad. «Tengo derecho» a serte infiel porque tú —de alguna forma— me estás traicionando.

A partir de lo que venimos diciendo, si de celos se trata, lo primero que hay que discernir es cuándo tienen una justificación —porque hay pruebas concretas, reales— y cuándo son imaginarios. El sentido del listado es darnos pistas para evaluar qué está sucediendo en determinada situación. Requiere mucha honestidad. Nos permite saber cuándo nos toca trabajar con nosotras mismas y cuándo toca tener una conversación franca con nuestra pareja. Por ejemplo, si sentimos que la otra persona no está disponible, quizá aquí hay una conversación pendiente. Tal vez debamos manifestarle al otro que hay un desequilibrio en la relación. Si, por el contrario, yo soy una persona que se compara mucho —y se pone por debajo del otro constantemente—, quizá tenga que encarar un trabajo personal. Entender este listado me puede ayudar a tomar decisiones concretas.

Por último, me gustaría agregar que no hay que demonizar los celos, como si fueran algo malo en términos absolutos. Siempre son indicio de algo y, como se ha dicho, representan una oportunidad para trabajar con nosotras mismas o para repensar nuestras relaciones. También pueden ser un estímulo para que nos pongamos las pilas y no caigamos en la rutina y en dar por sentado al otro. No hablamos de poner explícitamente celosa a la otra persona, sino de permitir ciertos comentarios consensuados para recordar que puede que no siempre esté ahí. Las personas excesivamente *filiales* se sienten eternamente conectadas a su pareja, pero recordar que esto también puede quebrarse les puede ayudar a incrementar su tensión sexual. Un «mira qué me ha dicho fulanita o fulanito» y echarnos unas risas con eso. Insisto, esto solo sirve para ese tipo de relaciones. Solo para esas.

Escanea este código QR para acceder a mi conferencia sobre cómo liberarse de la comparación, que te puede dar más pistas sobre lo que acabas de leer.

LA INFIDELIDAD

Hay muchos tipos de infidelidad, algunas más normalizadas, otras menos. La más típica es aquella en la que, sin que tu pareja lo sepa, tienes una relación sexual con otra persona. Pero también existen las «microinfidelidades». Como no implican la parte sexual, culturalmente muchas de ellas no se consideran infidelidades, pero sí que se juega la dimensión afectiva, se crea un vínculo y existe una segunda intención de forma más o menos velada. Dentro de las microinfidelidades hay, por ejemplo, infidelidades energéticas. Son aquellas relaciones en las cuales generamos una conexión energética muy fuerte con otra persona que no es nuestra pareja. También existe la infidelidad emocional, en la que nos desnudamos y compartimos nuestra intimidad emocional con alguien más, generando un vínculo muy fuerte que tal vez no tengamos con nuestra pareja. O los juegos de seducción —presenciales o en su modalidad *online*—, en donde no hay implicación sexual, pero sí chateo sexual. Las fantasías sexuales también pueden ser consideradas microinfidelidades. Si estoy en la cama con mi propia pareja pero fantaseo con otra persona —dejando a un lado la cuestión moral de si está bien o no—, lo cierto es que yo no estoy presente, no estoy cuidando el vínculo con mi pareja. A lo mejor dentro de la relación que tenemos está permitido. Lo mismo cuando hay una masturbación individual. No estamos presentes con nuestra pareja, estamos creando un vínculo afectivo o sexual con alguien más en nuestra mente. ¿Cómo nos sienta esto, energéticamente? Es interesante que nos hagamos esta pregunta a nosotras mismas y hablarlo en pareja. En definitiva, lo que importa aquí no es lo que haces sino cómo lo haces. Lo que cuenta es la intención.

El otro gran asunto, además de tener claro el tipo de infidelidades, es cómo afrontarlas. Es necesario que aprendamos a tomar decisiones respetando nuestra propia verdad, no los mandatos culturales, sean del tipo que sean. «Si alguien te es infiel, lo tienes que mandar a la mierda y ya está», dicen. Lo que tienes que tener claro es que, decidas lo que decidas, tienes que estar en paz con tu elección. Si te quedas, hazlo en paz, no castigues a la persona constantemente por lo que ha sucedido. Esa confianza que se ha perdido se irá restableciendo progresivamente, no es de cero a cien. Habrá que trabajarlo activamente, es un proceso. No puedes fingir que aquí no ha pasado nada. Lleva tiempo. Y no es para todas las parejas. En algunos casos se podrá reconstruir el vínculo, en otros no. Hay muchas personas que se quedan, cuando para ellas no es posible, porque la mentira es una línea roja y necesitan respetar lo que sienten. Hay otras, en cambio, que se alejan por razones morales, cuando en verdad se quieren quedar. ¿Por qué hacemos las cosas? ¿Por mandato o porque es una verdad que ha pasado por mí? Esto es lo que debemos revisar. Tanto si te quedas como si cortas la relación, hay trabajo que hacer, y recomiendo estar bien acompañada por un terapeuta cuando esto sucede.

LAS LÍNEAS ROJAS

Las líneas rojas existen, pero no son las mismas para todas las personas. Lo que define una línea roja es cualquier comportamiento que sea una forma de maltrato, de disfuncionalidad de la pareja: *ghosting*, no correspondencia, no respetar los pactos, adicciones, falta de responsabilidad, un bofetón.

Lo interesante es todo el proceso de aprendizaje que implican las líneas rojas. Cada persona tiene sus límites en lugares diferentes. En la medida en que tú tengas una buena relación contigo misma y con los demás, las líneas rojas estarán más definidas. Del mismo modo, en la medida en que no sepas lo que es sano para ti y lo que no, tus líneas rojas serán difusas, estarán más lejos y tendrás una capacidad de aguante casi infinita, hasta el punto de experimentar que, en la práctica, no las tienes, que eres una alfombra que puede ser pisada sin miramientos.

Lo que de verdad es provechoso es que tú descubras si tienes líneas rojas y cuáles son, que mires hacia atrás, para ver si en el pasado las has tenido y cuáles han sido, porque te ayudarán a entenderte. También es útil que te preguntes si las tienes ahora, porque con el tiempo pueden cambiar. Necesitamos responder con honestidad estas preguntas. Por ejemplo, ¿es un bofetón una línea roja para ti? Conozco muchas mujeres que afirman que lo es, pero los aguantan. Tal vez sea una línea roja cultural, pero ellas no la tienen integrada en su cuerpo. ¿Qué es lo que tú tienes integrado en tu cuerpo, qué es de verdad para ti una línea roja y qué no? Toma papel y empieza a indagar. Trabaja activamente esta pregunta. Creo que te vas a sorprender.

ME CUESTA PONER LÍMITES

¡Uy! ¿A quién no le cuesta poner límites? Es un temazo que tenemos pendiente como individuos. No solo se trata de aprender a poner límites, sino también de aceptar que nos los pongan a nosotras. Tenemos grandes dificultades para hacer ambas cosas.

Esta es una de las claves para todas las personas con herida de abandono —que son la mayoría— o para aquellas que sufren dependencia emocional, porque son personas expertas en no poner límites. Y no lo hacen, como ya hemos comentado, por miedo a que las abandonen, a que las rechacen, a perder el amor, la aprobación, el reconocimiento. Esta es la razón por la que no decimos lo que pensamos ni nos permitimos ser nosotras mismas. Entramos en relaciones tóxicas por no decir, desde el principio, lo siguiente: cuáles son mis líneas rojas, qué necesito, qué es importante para mí, aclarar los malentendidos, comunicar mis deseos, expresar mis emociones y mis opiniones. Cuando no lo hago, empiezan los problemas y se perpetúan. Poner límites es comunicar: transmitir al otro qué es un «sí» y qué es un «no» para ti.

Hay que hacer un trabajo exhaustivo y, sobre todo, desarrollar las habilidades para una comunicación clara y amorosa. Una vez que nos damos cuenta de que debemos poner límites, la manera de comunicarlos es importante. Muchas veces, en el momento de ponerlos, nos volvemos personas rígidas, desagradables, nos cuesta comunicarnos asertivamente. Busquemos expresarnos de una manera amorosa, busquemos formas de poner en práctica esto. Por ejemplo, puedes intentar responder primero por WhatsApp en vez de hacerlo en persona, porque te da tiempo a reflexionar sobre cómo dar esa respuesta, o no respondas enseguida, tómate unos minutos, unas horas o unos días, para que no suenes ni moral ni antipática. Sobre todo, practiquemos nuestra capacidad de recibir *feedback* de los demás, porque no hay nada más incoherente que una persona que intenta poner límites pero que no puede aceptarlos de otras personas.

¿POR QUÉ SIGUE CONMIGO SI NO FUNCIONA? ¿POR QUÉ SIGO CON LA OTRA PERSONA SI NO FUNCIONA?

Es muy típico que, cuando terminamos una relación, aparezca el discurso de «Me he sentido engañada porque todo lo que hemos vivido ha sido una mentira. ¿Por qué estaba conmigo, entonces? ¿Por qué seguía conmigo si no estaba enamorado de mí?». Pues por los mismos motivos que tú estabas con esa persona, no ponías un límite y no terminabas con la relación. Nuestros miedos se apoderan de nuestra vida. Siempre. Miedo al rechazo, al abandono, a quedarte sola, a no encontrar nunca a nadie más. Esas son las razones por las que tú te quedas con alguien sabiendo que es un «no», por las cuales no pones límites y alargas algo que te hace vivir en dos mundos paralelos: lo que vives interiormente y lo que vives con la otra persona. Entre esos dos mundos no hay coherencia. ¿Ves por qué te engañas? Por eso aconsejo que nos ahorremos el discurso de que hemos sido engañadas, porque, al final, todos hacemos lo mismo.

¡HABLEMOS DE SEXUALIDAD!

Sí, la sexualidad en pareja es un tema fundamental y es necesario que hablemos de ella. Es de vital importancia que sepamos que tiene diferentes estadios que debemos honrar, vivir y dejar, cuando toca dejarlos. Como individuos atravesamos diferentes etapas —la niñez, la adolescencia, la adultez y la vejez— y cada una de ellas requiere que nos adaptemos a lo que nos toca vivir. Para crecer y madurar, necesitamos concluir cada ciclo. Lo mismo sucede en el ámbito de la sexualidad. De hecho, las etapas son similares.

Cuando conocemos a alguien, tenemos una sexualidad muy adolescente, porque se activa la química del enamoramiento. En las mujeres sube la testosterona, en los hombres baja. Esto trae acompañado, en las mujeres, que se vuelvan más sexuales, y en los hombres, que sean más emocionales. Estoy haciendo un cuadro a grandes pinceladas, simplificando. Lo característico de esta etapa es que hay una reacción química que nos empuja a querer fusionarnos con el otro, a desear estar todo el tiempo conectada a la otra persona. Y esto nos afecta a nivel relacional y sexual. Esta etapa hay que vivirla. Hay que tener sexo y disfrutarlo. Pero tenemos que ser conscientes de que es un estado que no se va a sostener durante toda la relación. Al final, si tu relación de pareja se basa solo en lo físico y en la química de los inicios, entraréis en crisis. En esta primera etapa tenemos que consumir el deseo. Es lo que toca. Luego, cuando termina el enamoramiento, una vez caída la idealización, cuando la persona que tenemos delante aparece tal como es, debemos pasar a otra etapa sexual.

El fin del enamoramiento marca el comienzo del amor. Empezamos a intimar, a conectarnos en un nivel más profundo, a conocernos, a tener una sexualidad más adaptada a nuestros cuerpos, a escuchar nuestras necesidades, a todos los niveles, emocionales y sexuales. Deberíamos pararnos y contemplarnos. Si tenemos un cuerpo de mujer, observar la vulva, el clítoris, conocer cuál es la parte que más nos gusta, aprender a erotizar un cuerpo. Es un proceso de poner la voluntad en cuidar y aceptar al otro, también a nivel sexual, en que los dos estemos incluidos. Aquí la sexualidad ya no puede ser tan genital, tan física. En el caso, por ejemplo, de las mujeres, que funcionamos totalmente distinto de los hombres, necesitamos una sexualidad más sensual, más rica en matices. Muy pocas parejas hacen este proceso. Al cabo de cinco años, recibo en mis talleres a parejas que me dicen: «¡Es que ya no tenemos el mismo sexo que teníamos al principio!», y eso supone una crisis para ellos. Pero no tiene por qué ser así. Simplemente lo que está pasando es que no han hecho la transición de la etapa más hormonal, física y sexual a una etapa en donde la química deja de tener ese protagonismo y evolucionamos hacia un lugar más emocional.

Aquí también hay un aspecto a tener en cuenta: la rutina. La rutina y la sexualidad son como el agua y el aceite. No se llevan nada bien. La rutina es lineal, es agua: apaga el fuego. Si no tenemos recursos para avivar el fuego, este no se encenderá. Dejemos de vivir en el mito de que el deseo, la chispa y la pasión deberían ser naturales y espontáneos. No, queridas, en esta etapa debemos crearlos. En las relaciones heterosexuales, un guión que se repite con frecuencia es este: el hombre se acerca a su pareja y le da unos besos, la reacción de ella es un dolor de cabeza. ¿Sabes por qué? Porque para ella estos besos significan sexo, y eso le genera resistencia. Necesita más tiempo entre una cosa y otra. Necesita incluso que no todo termine en genitalidad, que haya espacio para la sensualidad. Se trata solo de un ejemplo, no tiene que darse así en todos los casos, pero lo que podemos aprender de él es que es necesario cuidar los espacios de pareja y de intimidad.

Existe otra etapa que no todas las parejas atraviesan, pero que es crucial para la sexualidad de las que sí lo hacen: la de la maternidad /paternidad. Afecta muchísimo a la sexualidad. Cuando una mujer es madre, su energía está puesta en el bebé. Durante la lactancia produce oxitocina, la misma hormona que se libera durante el encuentro sexual, solo que ahora ella la produce por sí sola, está satisfecha porque está cubriendo su química hormonal por sí misma. No está tan disponible sexualmente. El hombre, en una pareja heterosexual, queda en un segundo plano, y es lógico que sea así. Durante los dos primeros años, si nos decidimos por una crianza más natural, la relación de apego entre la madre y esa niña o niño es muy fuerte, y es algo que tiene que ser respetado. En la medida en que la criatura crece, se da un proceso de desapego gradual, y en ese proceso es cuando las mujeres —aunque no todas lo hagan— deben poner su voluntad en crear espacios para la pareja. Es frecuente en esta etapa que los hombres tengan eyaculación precoz. Si tenemos sexo una vez al mes, por poner un ejemplo, el cuerpo masculino irá a por todo, ¡los espermatozoides echarán humo! Tendremos hombres ansiosos, mujeres no erotizadas y el lío armado. Por eso en esta etapa debemos plantearnos otro tipo de relación con la sexualidad. Es preciso olvidarse un poquito de la genitalidad. Aunque parezca frío, agendemos encuentros con la pareja para crear intimidad. Esa intimidad puede generar erotismo, y ese erotismo nos puede conducir a una sexualidad incluso genital. Aquí el tantra empieza a tener sentido, porque nos permite conectar con el otro desde lo energético. Podemos mantenernos unidos íntimamente, aunque no haya genitalidad. Y esta conexión es vital ahora que, además del trabajo, tenemos la responsabilidad de educar a una criatura y muy poco tiempo. Si no cambiamos de estilo de vida, de ritmos, de horarios, habrá crisis. Te daré un ejemplo muy simple. En la etapa de convivencia, la noche es un buen momento para encontrarse, pero cuando nace un bebé y durante los primeros años de vida, por la noche los padres están agotados. Como pareja, es necesario que se planteen hacer algunos cambios. La expectativa de seguir teniendo sexo por la noche es una fantasía que debemos olvidar. Estadísticamente, la mayor parte de las parejas rompen después de tener hijos. Pongamos entonces conciencia.

Por último, con el fin de la fertilidad —en el caso de la mujer, promediando los cuarenta y cinco años, en el caso de los hombres, de manera más gradual, a partir de los cincuenta—, entramos en una nueva etapa. Desde lo puramente biológico, la sexualidad carece de objetivo, pues el instinto de querer reproducirse desaparece. Si la sexualidad depende únicamente de lo físico, esto representa una sentencia de muerte para la pareja. Aquí es donde el tantra puede tener un rol fundamental. El tantra requiere madurez, profundidad: abre una dimensión sexual no solo biológica, sino un espacio para el disfrute y el placer, y conecta con la dimensión espiritual. A la mayoría de las personas les parece que, llegados a este punto, se acabó la vida sexual. Nada menos cierto. He visto a mujeres de sesenta tener el mejor sexo de su vida, y a hombres que disfrutan más que a los veinte. Seamos conscientes de que la sexualidad tiene etapas, sepamos hacer los cambios necesarios para adaptarnos al momento vital en el que estemos.

A través de este código QR puedes acceder a mi conferencia sobre pareja y sexualidad.

RESPONSABILIDAD AFECTIVA

La responsabilidad afectiva es la clave para que una relación de pareja dure. Refleja la voluntad de cuidar el vínculo. ¿Qué implica? Buena comunicación, respeto, comprensión, cuidarnos de manera mutua, expresar nuestras necesidades. Si queremos profundizar en esto, lo que deberíamos tener muy claro es qué cosas son mías y qué cosas son del otro, de qué me tengo que encargar yo, y de qué te tienes que encargar tú. Cuando yo soy consciente de que me tengo que ocupar de mis emociones, de mis necesidades, de mis miedos, de mis pensamientos, de mis decisiones, y de que el otro se tiene que responsabilizar por lo suyo, entramos en la responsabilidad afectiva. Esto quiere decir que si yo me siento desatendida, mi tarea es ocuparme de darme lo que necesito y, dentro de esto —además de sostenerme a mí misma, nutrirme, cuidarme—, también puedo comunicarle al otro que necesito que esté más presente para mí. Cuando empiezo a vivirme responsablemente, entro en la responsabilidad afectiva, porque conozco la diferencia entre lo que es mío y lo que es tuyo. Y es la clave, porque al final, lo que hacemos es pensar bien del otro, querer hacer el bien al otro, poner la voluntad en que el otro esté bien a mi lado.

Es un fluir constante de la relación. Un cuidar constante. Cuidar. Es una palabra importante: cuidarme, cuidarte, cuidarnos. ¿En qué consiste este cuidado para mí, para ti? Y esto se tiene que hablar. Lo hacemos justamente cuando hemos pasado la etapa del enamoramiento, en donde ya nos conocemos más, después de una cierta convivencia, que nos permite tener gestos amistosos a través de los cuales demostramos con acciones que queremos cuidar al otro y que ponemos nuestra voluntad firme en ello. Como decía al principio, esta es la verdadera clave para que una relación funcione y es la que define la salud de una pareja.

Puedes complementar lo que has leído aquí sobre responsabilidad afectiva escaneando este QR para acceder a una conferencia que di sobre este tema.

SÉPTIMA PARTE

EL FIN DE UNA RELACIÓN DE PAREJA

¿CUÁNDO HAY QUE DEJAR UNA RELACIÓN?

En la teoría, una relación de pareja se tiene que dejar cuando las dinámicas se vuelven tóxicas, cuando no hay cuidado, correspondencia, cuando se traspasan las líneas rojas, cuando nos hacemos más mal que bien, cuando se acaba el amor. Pero, si quieres mi respuesta más honesta, podrás dejarla cuando cuestiones todas las excusas que te cuentas que no te permiten ver lo que en tu fuero interno ya sabes: que hace tiempo que esa relación no funciona. Así que dejemos los listados y las ideas a un lado y empecemos a investigar cuál es la historia que me cuento, que me aleja de mi verdad, y revisémosla desde el cuerpo.

AUTOENGAÑOS QUE TE
MANTIENEN EN UNA RELACIÓN

- Me quiere, pero no se da cuenta.
- Va a cambiar.
- Me quiere, pero a su manera.
- Hay parejas peores.
- En todos lados se cuecen habas.
- No es tan grave.
- Tenemos buen sexo o todavía tenemos sexo (y esto significa que nuestra relación aún funciona).
- Acabará dándose cuenta de que soy la mujer de su vida.
- Estoy exagerando. Lo que ha pasado no es tan grave.
- Si él hace terapia, todo va a ir mejor.
- Debo trabajar más sobre mí misma para poder aceptarlo.
- Yo lo he atraído, es por algo que tenemos que estar juntos y recorrer un camino.
- Es cuestión de tiempo, llegará el día en que todo irá bien.
- Si ha aparecido en mi vida, es por algo.

Bullshit, nena.

¿CÓMO DESENAMORARSE DE ALGUIEN QUE TE HACE MAL?

Es complicado. Si estuviéramos con una persona que no tuviese ninguna cualidad positiva, sería fácil alejarse de ella. Pero hay cosas que te gustan de tu pareja, hay momentos de disfrute, de química, que te mantienen enganchada. Por eso no es fácil. ¿Cómo renunciar a las cosas que crees que la otra persona te da? Esta es la razón por la que la creencia más importante a trabajar aquí es «no quiero perder todas aquellas cosas que mi pareja me da». Cuando lo haces, puedes darte cuenta de que, en realidad, más allá de las cosas buenas, la relación no te compensa. Una relación tiene que fluir, y cuando esto no sucede, es señal de que no funciona.

Es importante saber que el cerebro funciona por repetición. Está habituado a conversar con esa persona, a dormir con ella, a verla. Tu cuerpo necesita un tiempo para desengancharse. Es un proceso gradual. Hay que ir acostumbrándose a la idea de que algo está llegando a su fin. Se puede conversar con amigos, con la propia pareja. El desenganche tiene etapas, puede durar días o meses. Cuando la ruptura sucede de forma repentina, cuesta más porque hay un estado de shock, que empieza a aflojar cuando puedes empezar a llorar. Se necesita tiempo.

ROMPER EL CICLO COMPULSIVO DE LA INTERMITENCIA

Cuando hemos decidido romper la relación, ya sea algo que hemos meditado o el producto de un arranque repentino, la mayoría de las veces encontramos un factor emocional. Tal vez algo te haya sentado muy mal y rompes o ha tenido lugar un hecho que sabes, con tu cabeza, que no puedes permitir, pero tu cuerpo no lo siente, no lo sabe. Uno puede romper por moralidad, por creencias sociales, por algún episodio emocional, pero el cuerpo no ha procesado esa información, y al cabo de unas horas, semanas o meses, nos volvemos a ver y a estar juntos de nuevo. ¿Te das cuenta de que somos *yonquis* emocionales? ¿Por qué, sabiendo que esta persona no me conviene, vuelvo con ella? Pues, o nos contamos que hay algo pendiente entre los dos, o creemos que lo tenemos totalmente superado, que no pasa nada si vemos a la otra persona. Y nos acabamos viendo. Tenemos relaciones sexuales. El sexo aquí casi siempre funciona como uno de los enganches de estas intermitencias. Se convierte en una forma de mantener el vínculo, esconde una necesidad de seguir siendo especial para la otra persona.

Si la relación ha sido o no tóxica, poco importa. La intermitencia es tóxica: ahora estamos, ahora no estamos, ahora volvemos a estar juntos, ahora no quiero estar contigo, ahora yo quiero tener sexo, ahora tú no. La intermitencia acarrea mucho sufrimiento. Tal vez teníamos cierta claridad sobre la necesidad de romper la relación, que se termina mezclando con el sentirnos heridas por lo que ha pasado. El resultado de todo esto es que nos confundimos, queremos intentarlo nuevamente. Y hay un período de tiempo en el que estamos así, como las olas que van y vienen. Evidentemente las intermitencias son una señal de que es un «no». Esto no significa que las segundas partes no son posibles, significa únicamente que para que las segundas partes funcionen he debido trabajar primero para entender por qué no ha funcionado antes. Hay una tarea de reparación y de responsabilidad que hacer. Las intermitencias, en cambio, son pura emocionalidad. No hay un trabajo hecho aquí. Cuanto antes cortes con esta dinámica, mejor. Alguna vez tiene que ser el fin.

¿CÓMO CERRAR UN CICLO?

Cerrar un ciclo comporta distintas fases. Durante la primera, lo importante es la supervivencia. El dolor es muy intenso. Debemos optar por todo aquello que nos haga sentir bien, aunque no esté indicado en los manuales de desarrollo personal. A lo mejor necesitas ver series o películas de Netflix. Tal vez no puedas más que tumbarte en el sofá y comer palomitas. Quizá sea suficiente con que te ocupes de dormir y comer lo que tu apetito te permita. Y darte una ducha, si tienes fuerza para ello. Haz lo que puedas y eso ya es mucho.

Cuando empiezo a asumir que la relación se ha terminado y que hay que cerrar un ciclo, entro en la segunda fase. Necesito desahogarme, hablar con mi gente de lo que he atravesado, incluso criticar a mi pareja, volver a explicar la historia una y mil veces. Es un período en donde la otra persona está muy presente y genera emociones contradictorias, sentimientos ambivalentes. Sientes mucha rabia, pero también melancolía. Miras su IG, evocas todo lo que habéis compartido juntos como pareja, todo genera una asociación. Es normal. Hay que transitar esta etapa. Todavía hay mucho enganche, aunque ya puedes dormir por las noches y hacer una vida más o menos normal. En la tercera fase comienza el trabajo terapéutico. Te recomiendo que estés bien acompañada. El tema de conversación ya no puede ser tu ex. Si sigues dándole vueltas a la historia con tus amigos, reafirmas y perpetúas el vínculo. Es necesario activar el proceso de reparación emocional y de responsabilidad personal: qué ha sucedido, qué tiene que ver conmigo, qué tengo que aprender. Entraríamos así en lo que en la cuarta parte de este libro denominamos la cueva, en donde se aprende de lo que hemos vivido y hacemos una reparación a nivel emocional.

CONTACTO CERO: ¿SÍ O NO?

Me gustaría decirte «Bueno, eso depende de ti», pero la verdad es que cuando rompemos una relación de pareja es sano oxigenarse y mantener distancia. La necesitamos para poder recolocar a la otra persona en nuestra vida. Y es muy difícil hacer este proceso si el estímulo está activo. El estímulo puede ser directo, si me sigo comunicando o viendo con mi ex; o indirecto, a través de redes sociales, si miro su Instagram y sigo estando al corriente de su vida, etcétera. Esto no es contacto cero. Contacto cero es no contar con información sobre la otra persona, algo que en la era de las redes sociales es complicado. Sin embargo, se pueden encontrar maneras de conseguirlo. Si lo haces sin ánimo de manipular a la otra persona, le puedes comunicar que bloquearás su cuenta, no porque estás enfadada, sino porque necesitas hacer un proceso de cura personal. ¿Y hasta cuándo? Lo sabrás. En algún momento tendrás, sin buscarlo, noticias sobre esa persona. Si, cuando por casualidad te cruzas con él por la calle o sale en la conversación, tú conservas tu paz, significa que el proceso ha llegado a término. La persona es neutra para ti. Ya está.

¿Y si no puedes tener contacto cero porque tu pareja es también el padre de tus hijos o compartís el espacio laboral? Pues en ese caso la complicación es mayor. ¿Qué cabe hacer? Lo mismo, pero adaptándose a las circunstancias. Busquemos evitar lo máximo posible el contacto durante la primera fase del proceso, cuando estamos recolocándonos y recolocando al otro en nuestra vida. Podemos utilizar intermediarios. Una vez que hayas acabado con el proceso, puedes tener una relación cordial, porque eso es lo ideal cuando hay hijos de por medio. Hay que poner voluntad para conseguirlo y hacerlo lo mejor que podamos.

¿POR QUÉ NO PUEDO OLVIDAR A MI EX?

Porque quieres algo de la otra persona. No hay más. No le demos más vueltas. Aunque no desees que vuelva contigo, quieres algo de esa persona. Tu tarea es investigar qué es lo que, a nivel inconsciente, todavía le estás pidiendo: que se dé cuenta de que se equivocó, que te mantenga en su mente, que reconozca que eres una persona especial, única. Tal vez quieres que te pida disculpas, que admita que no se ha portado bien contigo, etcétera. Da igual el motivo. No poder olvidar a un ex siempre tiene que ver con que yo aún estoy esperando algo de esa persona. En mi cabeza hay un montón de imágenes asociadas a mi ex que fluctúan entre mi realidad hoy, lo que viví y lo que podría haber sido y no fue. El trabajo terapéutico es observar mi diálogo interno para descubrir qué cosas me estoy contando que me impiden vivir en el presente y que me mantienen atada a esa persona todavía.

No importan las formas, las relaciones ocurren en la cabeza. Saberlo te pone en un estado de honestidad lo suficientemente grande como para que el cambio sea posible. Me encuentro con mucha gente que me dice que no tiene pareja hace mucho tiempo y, sin embargo, su cabeza está llena de recuerdos, de rostros con nombre y apellido, de imágenes de futuros posibles. Mientras esto suceda, no estamos disponibles. Conviene recordar que se tiene una relación cuando estamos en pareja, pero también cuando nos vemos con alguien cada tanto y compartimos momentos de intimidad, o si nos gusta alguien con quien no tenemos sexo, o si tenemos un ex y aun nos vemos de vez en cuando, incluso si tenemos un ex y ya no nos vemos, pero lo seguimos teniendo en mente. También estamos en una relación si simplemente fantaseamos con alguien. Si tenemos a alguien en nuestra mente —aparezca en forma de recuerdos, en forma de comparación, en los sueños, como sea—, energéticamente estamos en una relación. Hay muchas formas de no estar disponibles. La disponibilidad emocional es un requisito indispensable para que nuestras relaciones funcionen, aunque parezca paradójico. Liberemos nuestras mentes de viejos y futuros lastres, mantengamos el corazón abierto, disponible, sin la necesidad de nadie más que tu propia y exquisita presencia.

¿Por qué, si eres consciente de que alguien es un «no» para ti, no lo puedes dejar atrás? Como decíamos al principio, la respuesta es muy sencilla: quieres algo de él y eso te mantiene atada al otro. Deja que aflore eso que quieres. No teorices. Haz una lista. En general, siempre tenemos razones para separarnos de alguien, algo concreto ha ocurrido y generado un conflicto. Eso es lo que automáticamente genera los «quiero»: me ha mentido, quiero que se porte bien conmigo; no ha empatizado con mi situación, quiero que reconozca que no ha estado bien. Mi cabeza, frente a la razón del conflicto, automáticamente quiere algo. Y cuando me separo en un estado emocional negativo, esto genera enganche con el otro y me quedo atrapada. Por eso es importante revisar los «quiero». No está mal pedir, sobre todo si el otro te lo da, pero si no te lo da y no cuestionamos esos «quiero», hay enganche asegurado. La buena noticia es que no necesitas al otro para cerrar un duelo. Lo decisivo es que tú resuelvas las cosas en tu cabeza.

La manera de gestionarlo, una vez más, es contestar a la pregunta: «¿Qué sigo queriendo del otro?». Cuando hayas hecho tu lista, cuestiona esos pensamientos: quiero que me llame y que se disculpe, que diga que fui la mejor novia que ha tenido nunca, quiero ser importante para él, quiero ser única para él, quiero que desaparezca de mi mente, etcétera. Verás que aparecerán emociones asociadas a un momento puntual del pasado y otro tipo de emociones más relacionadas con tu momento presente. Es importante distinguir entre esos dos momentos, qué querías en el momento en que ocurrió el conflicto, qué quieres ahora. No hay respuestas lineales, hay que investigar. Tu cerebro lidia con el pasado y con el futuro, va de la necesidad de que el otro repare lo que sucedió a la esperanza de lo que te gustaría que sucediera.

Puede suceder que una relación bonita haya acabado. Tal vez ha sucedido porque el otro ha tenido una actitud que no está alineada con mis valores. Si quedo hipnotizada por eso bonito que ha sucedido entre nosotros, en el pasado, sin comprender que esto que ha aflorado ahora forma parte del conjunto y es un «no» para mí, quedo enganchada. Si has tenido una relación fea, y te sientes culpable por haberte quedado más tiempo del que debías, date cuenta de qué estás queriendo del otro: que te pida disculpas, por ejemplo. Si aprendes a soltar los «quiero» del pasado o de un futuro posible, te liberas.

La mente no nos fastidia, las imágenes te muestran que tú tienes algo no resuelto en tu corazón, algo que proyectas en el otro, y por eso aparece como un semáforo que te dice «Mírame, investiga». El otro no es tu asunto. Tu asunto eres tú, es irte a dormir en paz. Esa es tu responsabilidad y el propósito de tu vida.

Puedes profundizar más en esta temática escaneando el código QR de mi conferencia «Cómo olvidar a tu ex».

¡NO LE LLAMES MÁS!

Si después de todo lo que hemos desarrollado en este capítulo sigues queriendo llamar a tu ex, si ni el sentido común logra poner un freno a ese impulso, tienes que recurrir a tu fuerza de voluntad, hacer un firme compromiso contigo misma y obligarte a no hacerlo. Deja de insistir, deja de buscar excusas para mantener el vínculo. Date cuenta de que te haces daño. Busca una estrategia. Cada vez que sientas la tentación de llamarlo, recurre a alguien con quien tengas mucha confianza y con quien puedas conversar en esos momentos. Llamar a esa amiga o amigo en vez de a tu ex te da ese tiempo extra que necesitas hasta que puedas hacer un proceso emocional y ponerte en contacto con tu cuerpo y tus líneas rojas.

LA MEJOR MANERA DE TERMINAR UNA RELACIÓN

La mejor manera de terminar una relación es honrar el vínculo que hemos tenido. Tal vez eso no sea posible al principio. Todo dependerá del tipo de relación que hayas tenido. Lo que sí es importante es que tú hagas tu trabajo terapéutico hasta que puedas aprender y apreciar todo el viaje compartido.

Haya sido una relación tortuosa o una relación de amor, se trata de poder implementar la experiencia de decir internamente: «Aunque te quiero, te dejo ir». Recuerda que las emociones te mantienen atada a la persona, que la única manera de soltar es a través de tu propia paz. No se trata de olvidar al otro, sino de recolocarlo en tu corazón. No existe el fin de una relación, sino un cambio de forma. Una ruptura no es un fracaso, sino un aprendizaje, y es una manera de acercarte a tu «sí». Si recuerdas esto, vas a transitar esta parte con mayor facilidad, para recordar luego lo más importante: la mejor forma de decir adiós es con un gracias.

¿SE PUEDE SER AMIGO DE TU EX?

No siempre. Si tu vínculo con la otra persona desde el inicio se transformó rápidamente en una relación de pareja, si no hubo amistad antes, es difícil que haya amistad después. Si era una relación tóxica, no tiene mucho sentido ser amigos. También hay personas con las que no vas a poder tener una relación de amistad: son aquellas con las que tienes muchísima química. Aunque pase el tiempo, esa química va a seguir existiendo. Conviene aceptarlo: no es una muy buena idea seguir viéndose.

Y luego hay otras personas con las que sí podrás tener una relación de amistad, porque existe una energía muy *philial*, porque no hay mucha química entre vosotros, porque conseguís, a través del tiempo y del trabajo personal, transformar el tipo de vínculo. Hay casos en donde de entrada se ve muy claro que no, y en otros en donde el tiempo lo dirá.

OCTAVA PARTE

ROMPER PATRONES

¿EXISTE UN DESTINO?

Esta es una gran pregunta en relación al tema de la pareja. ¿Existe «la» pareja de nuestras vidas? Si trabajo a conciencia sobre mí misma, ¿podré atraer a alguien con quien realmente la relación funcione? ¿Es algo que depende de mí o está en manos del universo, de Dios? No sé hasta qué punto los seres humanos tenemos la capacidad de responder a estas cuestiones con absoluta certeza. Hay una parte irreductible de misterio, y los misterios no se resuelven desde la mente. Tampoco podemos extrapolar las respuestas que son válidas en algunos casos a todos ellos, porque, al final, la experiencia personal de cada uno es única e intransferible.

He observado que hay tres tipos de experiencias en lo que a relaciones se refiere. Las del primer tipo son relaciones que son un «no», y uno de los motivos por los que he escrito este libro es para ayudar a que tengamos la capacidad de reconocer esto con rapidez y podamos salir de ellas lo antes posible. Empezamos este tipo de relaciones por carencia, por necesidad, por miedo a quedarnos solas, porque, aunque la otra persona no nos acabe de convencer, creemos que estar en pareja es mejor que nada. Incluso podemos saber, desde el principio, que no encajamos, pero como estamos tan apegadas al pensamiento de «quiero una relación» y «quiero que funcione», no somos capaces de escuchar nuestra voz interior que nos dice «¡Es un "no"!», y acabamos en una relación tóxica.

Luego, existen las relaciones en las que las dos personas encajan bastante. Haciendo a un lado las personas que son un «no» para mí, me doy cuenta de que hay otras que llegan a mi vida para cumplir una función. Quizá es una persona para aprender algo en particular, para tener hijos, para vivir ciertas experiencias. Son relaciones que tienen una fecha de caducidad, pero que hay que vivir. Lo importante es no querer perpetuarlas cuando ya no funcionan más. Lo típico de estas relaciones es que hay mucha coincidencia, pero no acaba de funcionar cien por cien. Por ejemplo, son grandes compañeros, pero hay que trabajar algún tema sexual o hay que reparar cosas, o surgen problemas de comunicación. Son relaciones que requieren trabajo y, aunque pueden durar varios años, la sensación interna es que tienen que trabajarse bastante.

Por último, están los «sí» rotundos. Los que encajan y funcionan. No significa que sean medias naranjas y que nunca tengan desafíos, simplemente es la persona para ti y los desafíos se gestionan. Son personas que se reconocen y fluyen desde el principio. No me atrevo a decir que le puede suceder a todo el mundo ni a afirmar que es algo que depende de nosotras y de nuestro trabajo interno. Creo que podemos trazar un paralelismo entre los tipos de parejas y el tema de la vocación. Como mencioné anteriormente, hay gente que tiene una vocación muy marcada. Se ve tempranamente: algo se les da con mucha facilidad, de forma natural. No sabrían a qué dedicarse si no hicieran eso, y no se manejan bien fuera de ese ámbito. En cambio, hay otras personas que se pueden dedicar a temas que les gustan, pero que pueden cambiar con el tiempo. Y por supuesto, existen aquellas personas que no hacen lo que les gusta y viven frustradas. Las personas que tienen vocación son aquellas que experimentan ese «sí» rotundo, que probablemente constituyan una pareja que durará para siempre; las personas a las que les gusta lo que hacen, pero pueden cambiar de ocupación, tienen relaciones que funcionan por un tiempo y luego están aquellas que entablan relaciones con personas que son un «no» para ellas.

Más allá de esta tipología, nuestro trabajo es ocuparnos de lo que depende de nosotras. La clave es sentirse merecedora de un gran sí, que podrá aparecer o no.

Lo que está fuera de dudas es que, si trabajo sobre mí misma, si estoy disponible, voy a abrirme a distintas experiencias, voy a vivir. Desde ese lugar, podré afinar muy bien cuándo decir que no a lo tóxico y evaluar qué es lo que tengo que vivir con cada persona, qué tipo de relación creamos, si es una relación de amistad, de compartir, o sexual; ir notando por el camino qué es lo que me corresponde vivir con el otro y hasta cuándo. Sé que existe la posibilidad de que haya alguien perfecto para mí, pero estoy abierta a que no suceda.

Desde hace miles de años, hemos intentado volvernos creadores. Al ser humano le encanta jugar a ser Dios, pero la vida es un misterio y debemos respetar eso.

Hay cosas que no vas a poder elegir nunca, aunque la paradoja es que sí puedes trabajarte creencias y pensamientos para estar más abierta. Pero nadie te asegura nada. Y hay creencias sociales que han convertido a la pareja en una meta.

Desde mi punto de vista, no podemos huir del destino. Hay cosas que vas a vivir sí o sí porque no dependen de ti. El camino es el que es para cada una. Pero sí puedes elegir cómo quieres transitarlo y ahí reside nuestra cuota de libertad. Cuanto más conscientes seamos del camino que estamos recorriendo, más paz tendremos al llegar donde tengamos que llegar.

ROMPER EL KARMA

El karma es otra forma de hablar del destino y de las cosas que están destinadas a suceder. Pero, por si no se ha intuido hasta ahora, el destino también nos necesita. Sucede como con la salud física. Tenemos una genética, es decir, un mapa de tendencias que nos condiciona, pero, como ha explicitado el desarrollo de la epigenética, este mapa no nos determina. Hay un contexto, un estilo de vida, que puede hacer aflorar tu mapa genético o no. Por supuesto que hay en nosotras tendencias que pueden provocar que pasen ciertas cosas, hay coincidencias, pero a la vez, nosotras también podemos trazar otros caminos y tomar decisiones que rompan nuestros ciclos compulsivos y karmas limitadores. Sin colocarnos en el lugar de dios, y a través del aprendizaje, podemos trazar nuevos horizontes.

Si tengo un karma, tendencia o patrón que me predispone a relacionarme con hombres no disponibles o a tener dificultades en las relaciones que entablo, mi trabajo, en vez de pensar qué voy a atraer en la próxima relación o de buscar pócimas mágicas para que aparezca algo que me guste, es aprender a decir que no con rigurosidad y plena conciencia a aquello que no me conviene, que me daña. Es algo de sentido común. Y esta es la forma más sabia que conozco de romper el karma. Decir que no a lo que no me funciona. Hagamos a un lado el misticismo. Aprendamos a entender nuestras dinámicas relacionales y decir no a lo que es dañino para nosotras.

«Siempre atraigo a hombres no disponibles.» La próxima vez que aparezca un tipo casado, di que no. Sabes que es más de lo mismo. No te enganches con alguien que te dice desde el primer día que no quiere una relación de pareja. No alimentes relaciones que perpetúan la historia que te cuenta que tienes un patrón. Haz tu parte. La vida hará la suya.

¿CÓMO SE LIBERAN LOS PROGRAMAS INCONSCIENTES?

Todas tenemos programas vinculados a las distintas áreas que conforman nuestras vidas: las relaciones, el desempeño profesional, la salud, la alimentación, el sexo, etcétera. Esta programación tiene lugar en la infancia a través de todo lo que vamos aprendiendo, tanto en casa como en la escuela, con los amigos o mirando la tele. Y más tarde, también a través de nuestras propias experiencias de vida. Es información que se va grabando en el inconsciente, que maneja más del 90% de las decisiones que tomamos. Por eso es interesante tomar conciencia de todo lo que almacenamos allí. No es preciso que nos volvamos locas buceando en sus profundidades. Nuestra realidad nos muestra qué es lo que tenemos guardado allí. Solo tenemos que estar atentas y observar cómo nos hablamos a nosotras mismas (nuestro diálogo interno), cómo hablamos a nuestras amigas, a los hombres, cómo vivimos nuestras relaciones... Todo esto no es más que una expresión de tus programas inconscientes.

¿Cómo se produce esta programación? Lo vimos en el segundo capítulo, pero conviene recordarlo una vez más. Se produce de tres formas. Durante la infancia, cuando nuestro cerebro se está desarrollando, si escuchamos algo muchas veces, se fija y se crean asociaciones vinculadas a áreas como la pareja, la intimidad, el sexo... La repetición de algo cristaliza formas de pensar, de sentir, de vivir y actuar. Y todo esto sucede sin que nos demos cuenta. La otra forma en la que ciertos patrones penetran en el inconsciente es a través de los shocks emocionales. Los famosos «de repente». Es decir, vives algo de forma lineal y, de repente, todo cambia. Por ejemplo, estás en una relación de pareja y, de repente, te deja o te enteras de que está con otra persona. La relación aparentemente va bien y, de repente, te dice que ya no te ama. Todo aquello que te impacta fija cierta información en el cerebro y se crean unos anclajes que acaban alterando o introduciendo una información nueva en tu inconsciente.

¿Cómo se cambian esos programas? Haciendo el proceso inverso: creando nuevos impactos positivos en el cuerpo, y repitiéndolos muchas veces para que una nueva información se grabe en el inconsciente. Esta es la manera en que yo trabajo: reprogramo creencias a través de una forma de meditar específica, de la que pronto hablaremos, en donde lo que se hace es volver a la situación estresante para identificar aquellos pensamientos que me generan tensión y poder así empezar a cuestionarlos. Porque el problema es que creo en esos pensamientos que me generan unas emociones que me hacen sufrir. Cuando cuestiono estos pensamientos, lo que hago es sentir una emoción relajante en mi cuerpo, liberar el estrés que se había acumulado y generar un shock positivo en mi cuerpo. Y no solo hago esto, sino que lo repito varias veces hasta que mi cuerpo lo normaliza. De esta forma, neutralizo el evento, lo libero de su carga negativa y puedo volver a mi presente sin ese peso del pasado. No son afirmaciones positivas, es un proceso meditativo profundo.

LOS PATRONES SE DESVANECEN CUANDO DEJAS DE CREER EN ELLOS

Sí, como lo has leído: un patrón existe solo cuando crees en él. Cuando tú estás en el presente de verdad, ahí no existe pasado ni futuro. Si no hay pasado, no hay patrón. Si estás presente, no hay patrón ni trauma. Esta es la clave de todo mi trabajo, en línea con el de tantos místicos que han hablado sobre esto a lo largo de la historia. Y es la razón por la que el trabajo que propongo es espiritual. La terapia está basada en aprender a convivir con un pasado que tienes que reparar, pero la espiritualidad es despertar a que ese pasado ahora ya no existe. La espiritualidad no niega lo que ocurrió, lo que sucede es que despertamos a que ahora eso ya no es real.

Para muchas personas es necesario hacer primero un proceso terapéutico de autoconocimiento que les permita comprender su historia y entender por qué les pasa lo que les pasa. Pero cuando ya hemos hecho ese proceso, propongo dar un paso más, que consiste en darse cuenta de que a base de cuestionar acabamos liberándonos de nuestro pasado. Esto nos lleva a estar más presentes en el aquí y ahora. Estar sin pasado es estar sin patrón. Aunque esto no se pueda entender solo leyendo un libro, mediante un proceso puramente intelectual, para mí es el trabajo más profundo que existe, el trabajo definitivo. Desde este lugar se entiende aquello que he dicho antes de que yo solo me tengo que ocupar de estar presente y hacer mi parte y de que la vida se ocupa de lo suyo, de lo que no está en mis manos. El presente es un regalo, esa es su raíz etimológica. Y cuando uno está presente, recibe lo que la vida nos trae y no trata de imponer su propia voluntad: este es el viaje místico. Por eso decía que puedo estar abierta a encontrarme con mi «sí», pero sin apegarme a la idea de encontrarlo, lo que me permite disfrutar plenamente de lo que hay en mi realidad. Ojalá que estas palabras, a medida que las leas y encarnes mediante el trabajo personal, calen hondo en ti, porque para mí son la clave.

LA HERRAMIENTA

The Work, una herramienta creada por Byron Katie, es la manera mediante la cual yo propongo hacer este proceso de «trabajo definitivo». Esto no significa que el utilizar la herramienta sea el fin de tus problemas, sino que se trata de un enfoque definitivo: no tienes que seguir buscando. Cada vez que sientes emociones como tristeza, rabia o frustración, el uso de la herramienta te permite volver a tu paz. Byron Katie no buscó crear una herramienta, es por eso que yo creo que se trata de una canalización. Aunque sirve para trabajar la gestión emocional, su verdadero propósito es el despertar espiritual. Consiste en hacerse cuatro preguntas y tres inversiones. Puede que ahora te suene complejo, pero te daré ejemplos. La clave es que puedas hacerlo de forma meditativa. No sirve abordarlo desde el intelecto ni hacerlo rápido, se trata de dejarte caer en cada pregunta y, a través de la meditación, poder desidentificarte de todas aquellas historias que te hacen daño.

Como decía antes, con esta herramienta podemos hacer un proceso terapéutico porque nos permite gestionar nuestras emociones y resolver conflictos internos y externos, pero a donde apunta verdaderamente es a que nos demos cuenta de lo que es real y de lo que no lo es. Nos ayuda a desidentificarnos del pasado para conectarnos con aquello de lo que todos los místicos han hablado desde siempre: el aquí y ahora.

Mi encuentro con *The Work* significó el final de una larga búsqueda en la cual pasé por todo tipo de talleres, cursos, técnicas y terapias. Para mí, es una herramienta directa, profunda, que está al alcance de todos y es muy, muy práctica. A lo largo de mi carrera he acompañado a miles de personas de forma individual y grupal con esta forma de trabajar y he constatado que *The Work* es una herramienta que nos permite pasar de la mente al corazón, de la teoría a la práctica y del pasado al presente.

«ME HA DEJADO»

Aquí desarrollaré el caso de una mujer que vino a la consulta por una relación de pareja que aparentemente funcionaba bien. No había discusiones y el único día en que hubo una, él le pidió que cogiera sus cosas y se marchara, le dijo que la relación había terminado. A ella, el pensamiento que automáticamente le viene a la cabeza es: «Él me ha dejado». Y la indagación empieza así:

—«Te ha dejado.» ¿Es verdad?
—Sí.
—¿Puedes saberlo con absoluta certeza?
—Sí.
—¿Qué pasa?, ¿cómo te sientes?, ¿cómo reaccionas cuando aparece el pensamiento «Me ha dejado»?
—Lo primero es el susto. ¡Ah! ¡Me ha dejado! Me quedo en shock. Entro en un bucle: me repito que no lo entiendo. Y automáticamente aparece una sensación de «¿Qué he hecho? ¿Qué ha pasado?». Me culpo. Empiezo a revisar en mi mente todo lo que ha podido pasar para que de pronto me deje. Analizo. Recreo la noche anterior. No lo entiendo. Me dio besos por la noche. Voy hacia atrás,

repaso qué ha sucedido. Sigo sin entender. Analizo con mi cabeza. Y en la medida en que voy haciendo este repaso mental, me cuesta respirar bien, me pongo a llorar. Mi cuerpo se acelera. No paro de llorar. Mi mente también va al futuro, imagina mi vida sin él. Sigo sin entender. Me desespero. Recuerdo las cosas que ya no podré hacer con él, como dormir juntos o las pequeñas cosas del día a día. Empiezo a recoger mis cosas, pero me coloco la mano en el estómago, que me aprieta, no puedo enderezarme ni respirar con fluidez. Mientras recojo las cosas, lloro. Me siento un monstruo: algo muy malo habré hecho para que me deje así, de golpe, ¡y no soy capaz de verlo! También me siento una víctima total. Me parece lo más horrible que me puede suceder. Siento un vacío en el pecho muy grande.

—Y en esta situación, ¿quién serías sin la historia de «Me ha dejado»?

—Mi respiración se relaja. Tomo mis cosas y me voy, sabiendo que tenemos una conversación pendiente. Me voy con la intención de estar lo más presente posible en mi cuerpo. Soy consciente de que algo ha pasado, pero sé que ahora no es momento de hablar. Me voy y procuro estar lo más conectada posible a mi respiración.

—Primera inversión: «Me he dejado».

—Sí, es así. He abandonado totalmente mi cuerpo y me he ido hacia él, a lo que le ha pasado, a lo que piensa de mí, al pasado, al futuro, y mientras estoy viajando, no puedo sentirme, estoy alejada de mi cuerpo, no puedo ocuparme de mí. Me he abandonado porque no puedo atender a mis asuntos básicos: comer, empaquetar mis cosas. Y me he dejado por la forma en que me trato, porque me hablo como si fuera culpable y creo que él tiene alguna razón para dejarme, me hago cómplice de ese «me ha dejado».

—Segunda inversión: «Yo le he dejado».

—Cuando él me abandona, me parece tan fuerte, que mi forma de reaccionar emocionalmente es alejarlo. Me siento indignada. ¿Cómo me hace esto a mí? Hay una parte de mí que lo odia, que piensa: «Pero ¿qué te has creído?». Lo juzgo, lo critico. Pero la realidad, si soy honesta conmigo misma, es que yo le he dejado antes en mi cabeza, cuando me di cuenta de que había cosas que no me cuadraban y me planteé que él no era para mí. En mi cabeza, he dudado de nuestra relación y me he visto sin él. He tenido imágenes en donde he pasado por «Yo le he dejado». Y también es verdad que yo le he dejado cuando me digo a mí misma que esto es algo tan grave que es un adiós definitivo. Me impongo el «yo le he dejado».

—Tercera inversión: «No me ha dejado».

—Lo que veo sin la historia es que yo le he planteado algo en la conversación de la noche anterior que hizo que él reaccionara de este modo, una cosa que no puede sostener y que además yo sabía que no podía sostener. Entonces, no me ha dejado, simplemente está poniendo un límite a algo que no puede sostener. He tocado algo sensible en él y por eso ha puesto un límite: mi relación no es viable. No queremos lo mismo. Sin la historia, no me ha dejado. Si soy honesta conmigo misma, veo que esta era una relación de la que dudaba desde el principio. En mi anterior relación me habían tratado tan mal, que estaba deslumbrada porque en esta él me hacía sentir una reina. No encontraba una razón para decir que no, hasta que me di cuenta de que el hecho de que te traten bien no es razón suficiente para estar con alguien. Yo le dejé desde el principio porque a mí no me gustaba. Luego le tomé cariño. Pero lo que él ha hecho es poner de manifiesto algo que estaba latente desde el inicio de la relación. Los dos lo hemos intentado. No sé sus razones. Conozco la mía: me gustaba que me tratara bien y estaba compensando mi relación anterior. Quería que funcionara. Era un «no» y no quería admitirlo.

Después de hacer esta indagación, ella se dio cuenta de que él la había complacido siempre y de que como no supo poner sus propios límites, al final acabó estallando. También comprendió su parte: no quiso asumir ese «no» inicial, algo que desde el principio era la historia de una muerte anunciada. Al comprenderlo, al sentirlo en su cuerpo, se sintió en paz.

«QUIERO QUE ME ELIJA»

A continuación encontrarás la indagación que realiza una mujer que estaba conociendo a alguien.

—Hace dos días le he escrito a Juan un mensaje por WhatsApp y aún no me ha respondido.

—El pensamiento «Quieres que te elija», ¿es verdad?

—Sí.

—¿Puedes saberlo con absoluta certeza?

—Sí.

—¿Qué pasa, cómo te sientes y cómo reaccionas cuando aparece el pensamiento «Quiero que me elija»?

—Tengo muchísima ansiedad. Miro el móvil obsesivamente. Tengo el estómago cerrado, casi no puedo comer. Me cuesta dormir. Siento mucha carencia, mucho vacío. No me puedo concentrar. Todo gira en torno a él, al mensaje que quiero que me escriba. Me tumbo en la cama, fantaseo con él, busco sentirlo, fusionarme con él a través de las imágenes. Lo justifico. Pienso: «Estará de viaje»; «Estará ocupado»; «Tiene otra franja horaria»; «Él lo vive distinto que yo, no se engancha tanto al móvil». Lo justifico por su forma de ser, por el trabajo que tiene. Voy de la cama al sofá, del sofá a la cama. No paro de moverme, y cuando me quedo quieta, empiezo con el fantaseo y la fusión con él a través de las imágenes. Lo idealizo. El foco está puesto en él. Me miro a través de sus ojos, pongo mi valor en ser elegida por él, siento necesidad de él. Y estoy ausente de mí, no puedo encontrar mi cuerpo, no puedo hacer nada en la casa.

—En esta situación, ¿quién serías sin la historia «Quiero que me elija»?

—Sin la historia de «Quiero que me elija» estoy en casa, haciendo mis cosas. No hay mensajes. Siento que hay un espacio para preguntarme qué quiero hacer ahora. Noto que emerge en mí la necesidad de hacer un listado de temas pendientes que quiero abordar. Me noto más presente y enfocada en las cosas que quiero hacer. Estoy más tranquila.

—Primera inversión: «Quiero elegirme».

—Sí, porque cuando quiero que él me elija, dejo de verme y de elegirme a mí misma. Pongo el foco en el otro, dejo de existir. Quiero preguntarme qué necesito, hacer mis cosas, ocuparme de mí, estar a gusto en casa, estar presente en mi vida. Quiero sentirme importante, aunque no haya una respuesta a mi mensaje, aunque el otro no me esté diciendo nada. Ocuparme de mí misma es preguntarme qué puedo hacer por mí en este momento, qué necesito, y hacerlo.

—Segunda inversión: «Quiero elegirle».

—Sí, quiero elegirle tal y como es. El hombre que busco en mi cabeza no se parece al que él es en realidad, el Juan con el que fantaseo no existe. Si lo viera como es en realidad, me daría cuenta de que tarda en responder y podría aceptarlo, o bien darme cuenta de que yo necesito más comunicación y que él no es la persona con quien puedo tener el tipo de relación que deseo.

—Tercera inversión: «No quiero que me elija».

—Sí, no quiero que me elija. Él no vive en mi país y no quiero tener una relación a distancia. No quiero que me elija porque no tiene esa personalidad cercana y cariñosa que yo necesito, no encaja conmigo, y no me apetece lidiar con eso. No quiero que me elija porque no es compatible con mi vida. Tengo muchísimo trabajo y el tipo de relación que él me ofrece requiere mucha adaptación a sus horarios y una disponibilidad que no tengo. No quiero complicarme la vida, no es un perfil que me vaya bien.

A medida que la indagación avanzaba, ella empezó a relajarse. Su cuerpo se fue desestresando y pudo sentir realmente que Juan no era la persona para ella. Comprendió profundamente que tener conexión con alguien no es suficiente para tener una relación, que hay que compartir valores, momentos vitales y corresponderse. Ella ya lo sabía, pero ahora pudo sentirlo en su cuerpo.

Recuerda, la clave de la indagación no está tanto en responder las preguntas rápidamente o con la cabeza, sino en la capacidad de meditar en ellas. Esta es la única manera de pasar de la mente al cuerpo. La lectura de este ejemplo puede servirte de guía, pero no es suficiente: tienes que experimentarlo, con sus tiempos, sus silencios y dándole a cada pregunta el espacio necesario para realmente meditar en ella. Es una experiencia corporal. Hasta que no practiques, no lo comprenderás de verdad.

¿CÓMO SÉ QUE HE SANADO?

Sanar algo no significa que nunca te volverá a pasar una cosa similar a lo que en su momento te causó daño. Sanar algo significa que tienes la capacidad de volver a encontrarte con eso, pero que ahora puedes ocuparte del tema. Por ejemplo, delante de la situación recurrente de atraer a personas no disponibles, sabes que has sanado cuando te das cuenta de que no quieres eso en tu vida y simplemente le dices que no a una persona que no está disponible. Porque tu trabajo es enfocarte en personas disponibles. Has sanado cuando ya no eres más cómplice de tus patrones. Cuando eres consciente de qué te hace daño y dices que no. No se trata de saber si atraerás a tal o cual persona, en un intento de controlar el futuro. Ocupémonos de vivir un presente en paz, en coherencia con lo que queremos y con lo que no queremos. Este es el verdadero trabajo. Bienvenido todo lo que la vida nos traiga. Luego decidiré si lo quiero o no.

EL ARTE DE QUERERSE BIEN A UNA MISMA

El camino del desarrollo personal, y luego el del desarrollo espiritual, no consiste en hacerlo todo bien, perfecto, y tenerlo todo claro en todo momento. No. Vamos a caer en la adicción de la dependencia, vamos a liarla mucho, vamos a tener días horribles, a estar arriba y abajo, vamos a sentirnos fuertes y al día siguiente, débiles, y después, vulnerables, y luego, pasaremos a sentir que nos comemos el mundo. Y así cada día. El objetivo real es aprender a acompañarte en los altibajos de la vida, y cuando no puedas, aceptar que no puedes. El arte de quererse bien a una misma es el arte de acompañarse y de entender que en este camino no se trata de cambiar, sino de aprender a amar lo que aflora en cada momento.

REESCRIBE TU HISTORIA

Es poco probable que ames tu presente si no has amado tu pasado. Este es el trabajo que propongo en cada uno de mis programas y talleres, y el que te propongo ahora. Cuestionamos pensamientos —nuestra historia—, para soltarla, para poder estar presentes y desde ahí, con apertura, rediseñar nuestro futuro sin ponernos en el lugar de Dios. Una vez que te has adentrado en el mundo de cuestionar los pensamientos, el siguiente ejercicio es que vuelvas a explicar tu pasado, pero desde un lugar donde ya no eres la víctima, sino donde tú tienes el poder.

Tomemos como ejemplo el caso de aquella situación en donde él «me ha dejado», que exponíamos más arriba. Si yo ahora tuviese que volver a explicar esa situación, en vez de decir «Fulanito me dejó», diría que estuve en una relación en la que no hice mucha escucha de mí misma. La contaría de la siguiente manera: «Él me trataba tan bien, que quise vivir esa experiencia, porque en la relación anterior me habían tratado muy mal. Sin embargo, tuve que pagar el precio de no escuchar que Fulanito no me gustaba, de que no encajábamos. Teníamos puntos de vista distintos en lo más básico. De golpe, él me comunicó que quería dejar la relación. En ese momento lo pasé mal, no lo tenía muy claro, pero ahora me doy cuenta de que era un tipo muy sabio. Dejó la relación en el momento justo. Imagínate que ya hablábamos de tener hijos, y eso hubiera sido liarla de verdad. Me alegro de haber tenido esa experiencia, recuerdo las risas, todo lo que aprendí y disfruté a su lado, y me encantó. Pero se terminó y también me alegro por eso, porque no era una relación que pudiera prolongar mucho tiempo más. Estoy en paz con lo vivido».

Mira lo importante que es prestar atención a las palabras y desarrollar un lenguaje sano. Observa qué distinto es decir que la relación se terminó o que el otro tuvo el valor de dejar la relación —mientras que yo, que siempre supe que no encajábamos, no me animaba a dar en paso—, en vez decir «me dejó» o «me abandonó».

Esta manera de contar el pasado implica hacerme responsable de mis decisiones. No soy la víctima. Hubo cosas de la relación que no me gustaron, y otras que sí; sé cuál es mi parte, qué era lo que no podía ver en aquellos momentos, y no guardo rencores ni tengo resentimientos. Esto me permite ver mi pasado sin carga y sin sentir que me condiciona. Entonces, liberándome del pasado, estoy presente. La verdad es que si amas tu pasado y tu presente, eres dueña de tu futuro, porque te sientes totalmente disponible y abierta a cualquier posibilidad, ¡y eso es maravilloso!

Antes de seguir leyendo, te propongo que hagas una pausa, tomes una hoja y elijas una situación de tu pasado que expliques desde otro lugar.

NOVENA PARTE

ENCONTRAR A TU «SÍ»

¡*VOILÀ*, LLEGAMOS AL FINAL!

Llegamos a la última parte del libro, en donde por fin vamos a definir qué es un «sí». Lo podríamos resumir en una frase: cuando es un «sí», funciona. No hay ruido en la cabeza, no hay dudas, no hay necesidad de entender, de explicar, simplemente fluye, la relación se sostiene, las etiquetas de cómo debería ser una relación no tienen sentido, porque lo que experimentas es que estás con una persona que es perfecta —no en términos absolutos—, sino perfecta para ti, y eso basta. Por eso insisto en que me parece más importante tener claro lo que es un «no» que lo que es un «sí». Para decirlo de otra forma: el «sí» es una consecuencia de tener muy claro lo que es un «no».

RECORDEMOS LO QUE ES UN «NO»

Repasemos lo que hemos venido trabajando. En primer lugar, es un «no» la falta de alguno de los pilares básicos para que una relación funcione: correspondencia, muestra de interés, un equilibrio entre el dar y el recibir y coherencia entre lo que se dice y lo que se hace. También es un «no» si no hay acuerdo con respecto a lo que se quiere en cuanto a la relación y si no hay buen trato.

Una vez que hemos integrado lo que no funciona para nosotros, podemos escuchar qué tipo de relación va con nuestra energía. Pero poder comprender esto requiere que hagamos limpieza interna. Es necesario que soltemos creencias, traumas, malas experiencias del pasado, para que desde un pasado que no pesa podamos tener claridad sobre qué resuena con nosotros, con quién fluímos.

¿QUÉ ES UNA RELACIÓN CONSCIENTE?

Para acceder a una relación consciente primero hay que desmontar nuestras creencias con respecto al amor romántico. Deconstruir el amor romántico no significa renunciar a la pareja, sino saber ubicarla en una perspectiva más amplia y equilibrada. La pareja es un área más de nuestra existencia. La protagonista de mi vida —su núcleo y base— soy yo. Es conmigo misma con quien tengo una relación desde mi nacimiento hasta mi muerte, y es conmigo misma con quien debo asumir el compromiso más radical. Desde este centro, mi vida se expresa en diferentes dimensiones: el trabajo, la familia, las amistades, los *hobbies*, la pareja. La pareja no es el centro de mi vida, porque ese lugar me pertenece a mí, pero eso no significa que no sea importante. Puede serlo, y mucho, siempre que no nos descentremos.

Con esta consciencia, la pareja es un compañero de vida, una persona con la que compartimos valores, amistad, con la que se puede convivir. La convivencia entraña compañerismo —con la amistad como base—, cosas que nos diferencian, complementan, la tensión sexual y un espacio para evolucionar, crecer, desafiarnos, para convertirnos en maestros el uno del otro. Un compañero de vida es quien nos apoya y desafía a la vez.

Las relaciones conscientes fluyen. Se basan en hacerse bien mutuamente, en tener una buena comunicación, en la confianza, en el equilibrio entre el espacio compartido y de calidad y los espacios personales, en el respeto de esos espacios propios. Se es consciente de que podemos estar durante un tiempo o toda la vida juntos. Una relación de pareja no es «por los siglos de los siglos, amén». Lo importante es que sea una relación que nos haga bien, que nos sume.

LOS BÁSICOS EN UNA RELACIÓN

Nunca renuncies a los básicos. Nunca estés en una relación en donde te conformes con menos. No te quedes con alguien por miedo a estar sola o por el solo hecho de que alguien te trata bien. En una relación sólida tiene que haber correspondencia, equilibrio entre el dar y recibir, muestra de interés (que se puede manifestar de diferentes formas), atracción y amistad, y un proyecto en común, un encontrarnos en un momento de nuestras vidas y querer lo mismo. Los básicos no se piden. Están o no están.

RELACIONES SANAS

Estamos tan acostumbradas a tener relaciones que no funcionan, que olvidamos que existe la posibilidad de tener una relación sana. Y lo olvidamos porque no tenemos referencias. Una relación sana es una relación fácil, en la que las cosas fluyen. No existe esa sensación de que estamos todo el día discutiendo. Hay espacio para comunicarnos, hay confianza, hay capacidad para negociar y hay, sobre todo, espacio para ser nosotras mismas. Vivo relajada porque sé que no tengo que dejar de ser yo misma para ser amada. Si hay conflictos, se pueden sobrellevar y resolver, porque existe la voluntad de hacernos el bien. No hay sensación de que todo pende de un hilo, al contrario, nos sentimos seguras.

TENER BUENAS REFERENCIAS

Hay personas para quienes el simple hecho de creer que es posible tener no solo una relación, sino una que funcione y sea sana, es de otro mundo. Como estamos tan habituadas a que las relaciones no funcionen, se va creando una programación inconsciente que determina que todo lo que vendrá es más de lo mismo. Porque así es como funciona el cerebro: proyecta el pasado sobre el futuro. Por eso es tan importante trabajar con nuestro pasado y sus cargas emocionales, y neutralizarlo, para no proyectar esas historias que hemos vivido hacia adelante.

Dicho esto, una de las formas que recomiendo para crear la posibilidad de tener relaciones que funcionen es tener buenas referencias. Se consigue de dos formas. La primera: date cuenta de que en tu vida no todo es disfuncional, hay cosas que sí funcionan. Por ejemplo, en el ámbito de la amistad o en el trabajo. Hazte preguntas y observa. ¿Cómo ves esa área de tu vida? ¿Cómo y quién eres tú en ese ámbito? ¿Qué cualidades se manifiestan allí? ¿Cómo resuelves los conflictos? ¿Cuáles son los mecanismos y las dinámicas que pones en marcha? Una vez que hayas identificado estas cosas, compáralas con lo que sucede en el área de la pareja. La idea es que te nutras de lo que sí funciona y lo apliques también en el área de pareja.

La segunda forma es que empieces a vincularte con personas que tengan relaciones de pareja que funcionen. Es muy típico que una persona con apego ansioso o evasivo llame a una amiga, también con apego ansioso o evasivo, y que juntas reafirmen su historia de fracaso. Acaban confirmando que las relaciones son fatales, que los hombres no valen nada, que ninguna relación va a funcionar nunca, porque al final lo que estoy esperando es un milagro, algo imposible. Para romper con esto, ponte en marcha y comienza, como decía al principio, a relacionarte con personas que tengan relaciones de pareja sanas. Tal vez pienses que estas personas son aburridas. En las relaciones que funcionan no hay terribles dramas, ni esa intensidad tan típica del amor romántico, no existen esos subidones ni esas «caídas». Hay discusiones, sí, y hay malentendidos, pero también la capacidad de gestionarlos, porque la pareja tiene una buena base. Hay más estabilidad, más seguridad. Es cierto que, en este tipo de relaciones, que son más agua, es preciso cuidar el fuego, para que el agua no apague la chispa. Pero lo importante aquí es que tú veas cómo es el trato en una pareja que funciona, cómo se relacionan, cómo gestionan sus conflictos, y que la gente que tiene relaciones que funcionan formen parte de tu paisaje habitual. ¿Recuerdas el dicho «dime con quién andas y te diré quién eres»? Aplícatelo. Tendemos a mimetizarnos con las personas a quienes más frecuentamos. Es difícil que tengas relaciones sanas si estás rodeada de gente que tiene relaciones tóxicas. Tómate en serio esto de rodearte de personas que tengan relaciones que funcionan.

EL USO DE HERRAMIENTAS COMO LA ASTROLOGÍA

Estamos llegando al final del libro, pero podríamos haber comenzado con este tema. Como adelanté en las primeras páginas, el final es el principio: si yo hago un buen trabajo de empoderamiento, de autoconocimiento, todo el viaje de prueba y error que viene después de ese proceso será mucho más fácil. En la medida en que me conozco mejor a mí misma y en que me he empoderado, podré elegir mejor, que es el tema con el que continuaremos.

Todas las personas compartimos la tarea de deconstruir nuestras creencias, de revisar cómo hemos sido educadas, qué hemos creído y qué creemos. Necesitamos hacer limpieza dentro de nosotras mismas. Pero a partir de que me vacío, el proceso de empoderamiento tiene que basarse en comprender cómo funcionamos, y cada una lo hace a su manera. No somos iguales. Nos toca responder preguntas como ¿quién soy? o ¿cuál es mi tendencia general? y, más específicamente, ¿cuál es mi tendencia ahora, en este momento preciso de mi vida? ¿Soy monógama? ¿Quiero experimentar y abrir la pareja? ¿Cómo es mi energía? ¿Cómo soy como pareja, qué necesidades tengo? ¿Qué necesito del otro?

En mi experiencia, en este trabajo de autoconocimiento, además de la autoobservación, una herramienta como la astrología puede facilitar el proceso porque aporta información valiosa a la hora de comprender cómo somos como pareja y qué necesitamos. A través de la astrología, por ejemplo, podemos abordar la identificación de la energía de los cuatro elementos —agua, tierra, fuego, aire— y su interacción, que nos ayuda a comprendernos. En el terreno de la sexualidad, a una persona que es muy agua le va a costar conectar con otra con mucho fuego, porque el fuego es impulsivo y se enciende casi tan rápido como se apaga, y el agua necesita tiempo para hervir. Los elementos y su energía también se manifiestan en cómo son los cuerpos: los masculinos, fuego, los femeninos, agua, y esto impacta en cómo nos conectamos y vivimos la sexualidad. Se observa también en las relaciones y sus energías: la energía filial (*philia*) es agua y el *eros* es fuego. En una relación tiene que haber un equilibrio entre ellas. Si hay un exceso de agua, se apaga el fuego; el fuego en demasía convierte la convivencia en algo muy difícil.

Así como lo encontramos a nivel relacional, también sucede a nivel individual: hay personas que son más aire, más tierra, más agua o más fuego. Cuando conozco la distribución de estos elementos en mí, puedo reconocer si hay alguno que no tengo integrado. Por un tema de compensación, me atraerán aquellas personas que tengan lo que me falta integrar, pero esto con el tiempo generará tensión, crispación. Si yo conozco lo que no tengo integrado, podré trabajarlo de manera consciente para que no se convierta en un obstáculo en mis relaciones. Por ejemplo, si eres una persona con mucha agua y poco fuego, lo puedes trabajar para equilibrar estos elementos y no buscar en el otro aquello que te compense.

La astrología nos permite comprender cosas tan interesantes como, por ejemplo, cómo es nuestra Luna, que representa nuestra emocionalidad. No me extenderé mucho sobre esto, porque aunque he investigado mucho, no es mi especialidad, así que lo dejo en tus manos. Lo que deseo subrayar es que el entender tu parte emocional te ayudará a comprender cuáles son tus necesidades y cuál es tu trabajo en ese terreno. Hay lunas más de agua, más de fuego, más de aire o de tierra, y cada una requiere un trabajo específico. Por ejemplo, a una Luna de aire le perturba mucho más que a una Luna de agua sufrir *ghosting*. Una Luna en Géminis no soporta tener poca comunicación, mientras que para una Luna en Escorpio eso no es tan importante —el hablar— mientras pueda sentir. Entender todo esto nos ayuda a ir disipando los malentendidos que pueden surgir en nuestras relaciones.

También es interesante el trabajo que se puede hacer con Venus y Marte. El trabajo con Venus representa cómo entiendo las relaciones y el enamoramiento, qué necesito para enamorarme. Por ejemplo, una Venus en Cáncer necesita mucho mimo para enamorarse, mucho cuidado y detalle. El peligro es caer en el maternar al otro. Habrá que poner mucha consciencia para decir: «No quiero un niño, quiero un hombre». Qué diferente es la energía de una Venus en Aries, con tanto fuego, que va a necesitar el desafío, la competición, el estímulo constante. Nuestro Marte representa nuestra forma de accionar y nuestra energía sexual. No es lo mismo tener un Marte de agua que de fuego. Entender cómo es tu sexualidad te ayudará a generar acuerdos con el otro. Un Marte en Aries es una energía más masculina, y puede estar en un cuerpo de mujer o de hombre, pero es una sexualidad más genital, rápida y efímera. Es muy diferente de un Marte en Cáncer, que necesita una conexión más emocional para activar su deseo. En síntesis, y como decía más arriba, podría haber incluido este tema en el apartado sobre el empoderamiento, al inicio del libro, pero lo he puesto al final porque considero que una forma de acercarnos más a nuestro «sí» es entender bien cómo es nuestra energía. Este dedicar tiempo a conocernos con rigurosidad, junto con un trabajo terapéutico en donde tratemos las creencias, nos permitirá enfocarnos con más consciencia en lo que queremos.

ELEGIR A UN BUEN COMPAÑERO

A la hora de elegir, ten en cuenta todo lo que hemos estado desarrollando hasta ahora. Asegúrate de que haya buenas bases. Intenta no quedarte con alguien que te trata mal o solo porque te trata bien, sabiendo que, de todas formas, cada experiencia constituye un aprendizaje. A lo mejor necesitas hacer mucha prueba y error para integrar lo que es el amor propio.

Para elegir bien tienes que utilizar herramientas como las que te he propuesto en este libro. Debes cuestionar tus pensamientos diariamente para ir afinando la autoescucha, para poder empezar a tomar decisiones desde esa parte tuya que es sabia, y no desde la mente. Esto no se consigue con solo leer un libro, que es apenas un «hola», una puerta de entrada. Te he ofrecido un mapa, una herramienta, pero hay que practicar, y el trabajo es personal y diario. A medida que lo hacemos, descubrimos matices, cuándo es «sí», cuándo es «no». Nos damos cuenta de nuestros «hasta aquí» (las líneas rojas). Una vez que te comprometas a hacer este viaje, que es día a día y que te ayuda a drenar progresivamente las experiencias que te hacen daño y te permite entender la diferencia entre lo que es sano y lo que no lo es para ti, podrás elegir bien.

Se trata de no dejarse llevar sino de elegir y hacerlo de manera consciente. Cuando conoces a alguien, sientes que hay algo que te conecta a la otra persona, son las famosas «mariposas» de las que habla el amor romántico. Lo importante es que las notes (es decir, que notes que tu cuerpo reacciona), pero, al mismo tiempo, que pongas sentido común, cabeza, para saber si existen bases comunes, si compartes intereses, si anhelas lo mismo. Después sí, déjate llevar por el enamoramiento y vive la química. Acabaremos sintiendo que en esos primeros momentos donde elegimos es el amor, en verdad, quien nos elige, una especie de destino que nos atraviesa. Pero, a no confundirse, un destino en el que nuestra elección juega un rol. No todas las personas que aparecen en nuestras vidas forman parte de nuestro destino, ni tenemos que vivir algo con ellas simplemente porque «han aparecido». Que aparezca una persona no significa que tengamos que quedarnos con ella. Eso forma parte de las creencias románticas: si aparece alguien es porque es el amor de mi vida y tenemos que permanecer para siempre con esa persona. Esto no es así. Elige bien.

ENCONTRAR A TU «SÍ»

¿Cómo distinguir a tu «sí»? Cuando llegue, lo sabrás. Ocúpate de hacer tu trabajo, de tus neuras, de tus emociones, de entender tus dinámicas relacionales, de decir no a lo que es un «no», y de enfocarte en lo que quieres y ser coherente con ello. Disfruta los «noes», porque son experiencias de la vida que te muestran que estás viva; disfruta de las transiciones, porque hay experiencias que te llevan a nuevos aprendizajes; disfruta de tu «sí», si llega, ya que en realidad tener pareja no debe ser el objetivo. Deconstruyamos la idea de que este es el fin y el final, porque puedes empezar una y mil veces. Lo esencial es estar rodeada de amor, no que tengas pareja. Ábrete a la vida y a lo que suceda. Honra tu trabajo, comprométete con él, honra los grandes misterios de la vida. Tu «sí» eres tú. Disfruta del viaje.

AGRADECIMIENTOS

La gratitud es clave, siempre. Es algo que se conquista, nunca se puede forzar. ¡Y hay tanto que agradecer! Siento una inmensa gratitud por tener este libro en mis manos y poder compartirlo con todas vosotras. Esta vez no he viajado a ningún sitio mientras lo escribía. Lo he concebido entre las cuatro paredes de mi casa. Y ha sido todo un desafío, porque, al menos para mí, no es la manera más sencilla de hacerlo. Sin embargo, me siento profundamente agradecida por haberlo hecho en el que considero mi hogar. Es un viaje desde mi intimidad hacia el mundo, de dentro hacia fuera.

Gracias a Eva y Fer de Kōan Libros, mi editorial, por hacerlo fácil y tan bonito. *Love you*, chicas. ¡Que viva el liderazgo femenino!

Gracias, también, a todos esos novios cabrones, porque sin ellos no podría haber escrito este libro. Queridos, habéis sido un buen abono. A veces necesitamos pasar por el infierno para saber lo que es el cielo. Cuando lo pruebas, ya no quieres bajar de ahí.

Por último, gracias a ti, que me estás leyendo. De corazón a corazón.